山海界——

著

久仰

山海经

江苏人民出版社

U0691198

图书在版编目（CIP）数据

久仰了！山海经 / 山海界著. -- 南京 ：江苏人民
出版社，2025. 8. -- ISBN 978-7-214-30800-9

Ⅰ. K928.626-49

中国国家版本馆CIP数据核字第202508531B号

书　　　名	久仰了！山海经	
著　　　者	山海界	
项 目 策 划	凤凰空间／翟永梅	
责 任 编 辑	刘　焱	
装 帧 设 计	毛欣明	
特 约 编 辑	翟永梅	
出 版 发 行	江苏人民出版社	
出版社地址	南京市湖南路1号A楼，邮编：210009	
总 经 销	天津凤凰空间文化传媒有限公司	
总经销网址	http://www.ifengspace.cn	
印　　　刷	雅迪云印（天津）科技有限公司	
开　　　本	710 mm×1 000 mm　1/16	
字　　　数	134千字	
印　　　张	12	
版　　　次	2025年8月第1版　2025年8月第1次印刷	
标 准 书 号	ISBN 978-7-214-30800-9	
定　　　价	78.00元	

（江苏人民出版社图书凡印装错误可向承印厂调换）

前言

　　你是否曾畅想过，古人笔下的神话世界是何等厥华流光、神秘魔幻？自幼钟情仙侠类影视作品的我，在成长过程中逐渐深入了解中国神话体系，愈发惊叹于苍穹之下万物有灵的奇妙，对《山海经》描绘的上古大荒、人神共存的时代充满了无尽好奇。

　　《山海经》这部成书于战国时期至汉代初期的奇书，宛如一条由神话编织而成的神秘通道，为我们开启了一扇通往远古的大门。它作为中国古代神话的集大成者，内容涉及地理、动植物、民俗、祭祀等诸多领域。本书是对《山海经》创新解读的一次尝试，书中绘图融入了个人想象，旨在带领读者领略古人对天地万象的独特认知。若有不足之处，敬请各位读者批评指正。

　　本书所选五章内容，均为《山海经》中记载详实且极富神话张力的经典篇章。其在神话体系中占据重要地位，既承载着古人对人神观念、生命意义的深邃思考，又在后世文化演绎中生生不息。受限于篇幅与主题聚焦，书中未能完整呈现原文全貌，唯愿以精简笔墨抛砖引玉，供读者探寻《山海经》神话世界的深邃底蕴。

山海界

2025 年 8 月

目录

第一章

高山有仙

仙山图鉴

《山海经》是中国古代一部极具神秘色彩的经典著作，也是我国最古老的国家地理志。其内容涵盖山川地理、奇禽异兽、仙草灵植、矿藏物产、人文历史、祭祀活动等多个方面。现存《山海经》共 18 卷，其中《山经》5 卷，又称《五藏山经》；《海经》8 卷，分为海外四经、海内四经；《大荒经》4 卷和书末《海内经》1 卷。全书虽仅 3 万余字，却蕴含着无数令人着迷的秘密，对后世产生了深远影响。

《五藏山经》详细记述了南方、西方、北方、东方以及中部五个方位的山脉。每个区域的众多山脉又被划分为若干行列，即若干次经，并依次叙述它们的起止、走向和相距里数。

那么，《山海经》中比较有名的仙山有哪些，山中又有怎样的神仙和异兽呢？

招摇山

上古圣域

幽都山

幽冥入口

柤阳山

多金多福之山

苍梧山

舜帝所葬之地

青丘山

狐族圣地

青要山

宜女子居住之地

丹穴山

有凤天下安

不周山

有山而不合

玉山

西王母所居之地

长留山

白帝少昊居之

招摇山

上古圣域

　　招摇山作为《山海经》第一列山系鹊山的首座山，屹立于西海之畔。山中生有神草，名为祝余，由天地灵气所孕，凡人若得一食，腹中不饥，五谷不思，因而也被称作辟谷仙草。还有一种异木，名为迷穀（gǔ），此木受地脉灵气滋养，花开之时流光溢彩。佩戴其枝叶者，便能心念通明，可避山雾林障，不惧魑魅惑心。山中还有一灵兽，名为狌狌，通人性，能直立行走。食其肉者可足下生风，步履如飞。山中亦有灵水，名为丽麂（jǐ）水，其色清澈如镜，绕山而下，蜿蜒而行，向西流入大海。

招摇山

有草 祝余

形态：形状像韭菜，开青色的花。
技能：食之不饥。

原文：南山经之首，曰鹊山。其首曰招摇之山，临于西海之上，多桂，多金玉。有草焉，其状如韭而青华，其名曰祝余，食之不饥。有木焉，其状如榖而黑理，其华四照，其名曰迷榖，佩之不迷。有兽焉，其状如禺而白耳，伏行人走，其名曰狌狌，食之善走。丽麂之水出焉，而西流注于海，其中多育沛（一种生物），佩之无瘕（jiǎ）疾。

——《南山经》

● 地理位置考究

关于招摇山的地理位置，有四种说法：一为今岷山；二是位于今雅鲁藏布江源头的狼阡喀巴布山；三认为其位于今广东连州市；四即今广西兴安县的猫儿山。其中，认为招摇山应为广西猫儿山的说法最可信。猫儿山海拔 2141.5 米，是广西乃至华南地区的第一高峰，山中及其附近一带以产桂著称。由此，从招摇山发源的丽麂水当是漓江。

1983 年，第一次全国性《山海经》学术研讨会——"中国《山海经》学术讨论会"，论证了"山海经第一山"招摇山是广西兴安县的猫儿山。

有木 迷榖

有兽 狌狌

有水 丽麂水

形态：形状像构树，有黑色的纹理，开花能发光，可以照亮四周。
技能：佩之不迷。

形态：状如猕猴，白耳，趴着身子走路，还可像人一样直立行走。
技能：食之善走。

水中有很多育沛，把它佩戴在身上，就不会患上由寄生虫引起的疾病。

杻阳山

多金多福之山

　　《南山经》中有一座山，名为杻阳山，堪称金矿之山，更是福泽之源。山的南面有很多赤金，北面有很多白金。山中灵气弥漫，孕育出一种异兽，名为鹿蜀。人若将其皮毛佩戴在身上，则可吸纳天地间的吉气，福泽延及子孙，使家族人丁兴旺，因此鹿蜀被古人视为福兽。

　　有一条怪水出自杻阳山，向东流入宪翼水。水中生有很多黑色的龟，名为旋龟，它们发出的声音就像劈木头的声音一样，佩戴它可以防止耳聋，还能医治手脚上的老茧。

杻阳山

有金

其阳多赤金，
其阴多白金。

原文：又东三百七十里，曰杻阳之山，其阳多赤金，其阴多白金。有兽焉，其状如马而白首，其文如虎而赤尾，其音如谣，其名曰鹿蜀，佩之宜子孙。怪水出焉，而东流注于宪翼之水。其中多玄龟，其状如龟而鸟首虺（huǐ）尾，其名曰旋龟，其音如判木，佩之不聋，可以为底。

——《南山经》

● 地理位置考究

一说指今广东连州市的方山；一说指今广东肇庆市的鼎湖山。

形态：状如马、头为白色，身上有老虎一样的花纹，有红色的尾巴。
技能：将其毛发佩戴在身上，可使子嗣延绵，家族繁衍不息。

东流注于宪翼之水。

形态：状如乌龟，脑袋像鸟，尾巴与蛇尾相似。
技能：佩之可治耳聋。

有兽 鹿蜀

有水 怪水

有龟 旋龟

青丘山

狐族圣地

青丘山声名远扬，名动四海八荒，是诸多灵兽、神禽的隐居之地。山中最负盛名的异兽，当属灵兽九尾狐。它形似狐狸，生有九尾，虽有食人之凶性，但其体内蕴含某种灵力，书中记述为"食者不蛊"。

山中还栖息着一种神奇的鸟，名为灌灌。人若将其羽毛佩戴在身上，便能消除心中的迷惑与困扰，心明如镜，不为外物所困。

山中有一脉清泉，名为英水，水中栖息着一种鱼，名为赤鱬。它形状似鱼却长着人面，书中记述为"食之不疥"。

● **地理位置考究**

关于青丘山的地理位置，历来众说纷纭：一说位于福建闽中地区；一说地处广东翁源一带；还有一说在山东菏泽境内。

● **影视剧演绎**

"青丘"一名出现于多部影视剧中，被描述为九尾狐族的圣地。

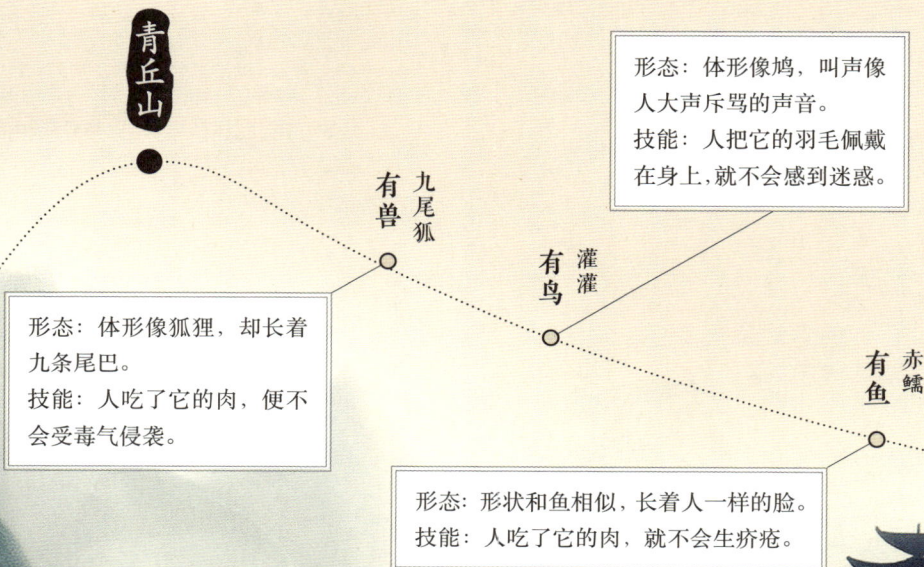

青丘山

有兽 九尾狐

有鸟 灌灌

有鱼 赤鱬

形态：体形像鸠，叫声像人大声斥骂的声音。
技能：人把它的羽毛佩戴在身上，就不会感到迷惑。

形态：体形像狐狸，却长着九条尾巴。
技能：人吃了它的肉，便不会受毒气侵袭。

形态：形状和鱼相似，长着人一样的脸。
技能：人吃了它的肉，就不会生疥疮。

● 四大狐族

除青丘山九尾狐外，神话传说中著名的狐族还有涂山氏、纯狐氏和有苏氏，并称"四大狐族"。四族或隐于山林，或魅惑王朝，皆留下诸多传奇神话，流传至今。

涂山氏

涂山氏为上古神话中大禹妻子所属氏族，《吴越春秋·越王无余外传》中有"禹因娶涂山，谓之女娇"的记载。

纯狐氏

作为古代东夷南方以九尾狐为图腾的部落，纯狐氏因夏朝有穷国国君后羿的妻子纯狐氏（以国名为姓）而闻名。

有苏氏

商朝诸侯国之一，其族因神魔小说叙事而广为人知：传说有苏氏之女妲己被千年狐精附体，受女娲之命来祸乱殷商。

丹穴山

有凤天下安

　　丹穴山中灵气氤氲，充满神秘色彩。这里栖息着一种神鸟，名为凤凰，是天地间的祥瑞之灵，万禽之尊。此鸟威仪非凡，神采奕奕。它一旦出现，必为圣明之世，是太平之兆。凤凰不仅是神话传说中的神鸟，更身具五德，也是古代礼制文化的重要象征。

● **凤凰五德**

德：头上的花纹似"德"字；

义：翅膀上的花纹似"义"字；

礼：背上的花纹似"礼"字；

仁：胸部的花纹似"仁"字；

信：腹部的花纹似"信"字。

● **《山海经》中的有"凤"之所**

南禺之山

　　《南山经》中的南禺山，山上富含金和玉，山下水源丰富。山里有一个奇特的洞穴，春天有水流入，夏天水流出，冬天则干涸无水。佐水发源于此山，向东南流入大海，水边常有凤凰和鹓雏栖息。

女床之山

　　《西山经》中的女床山，山的南面有大量赤铜，北面有许多石墨。山中除了老虎、豹子、犀牛等野兽，还有一种长得像长尾野鸡、身上有五彩斑纹的鸟，名为鸾鸟。鸾鸟和凤凰一样，被视为祥瑞之鸟，只要它一出现，天下就会安宁。

诸夭之野

　　《海外西经》记载，诸夭之野是一个神奇的地方。在这里，鸾鸟自由歌唱，凤鸟自在起舞。凤凰生下的蛋可供百姓食用，甘甜的雨露供百姓饮用，各种野兽和谐聚居。

都广之野

　　《海内经》记载，都广之野是一片充满生机的土地。鸾鸟和凤鸟在这里欢快地歌唱、起舞，灵寿木开花结果，各种草木繁茂生长，野兽成群聚居，这里的草无论冬夏都不会枯萎。

丹穴山

有鸟
凤凰
〇

形态：外形像鸡，身
上有五彩斑斓的羽毛。
技能：见到它则天下
安宁、祥和。

原文：又东五百里，曰丹穴之山。……有鸟焉，其状如鸡，五采而文，名曰凤皇，首文曰德，翼文曰义，背文曰礼，膺文曰仁，腹文曰信。是鸟也，饮食自然，自歌自舞，见则天下安宁。

——《南山经》

玉山

西王母所居之地

　　玉山是天地间最神秘、最尊贵的圣山之一，横亘于万山之上，为万神朝拜之圣域。上古神祇中的尊神西王母，便栖居于玉山之巅，掌控灾疫与刑罚，象征天之威仪。

　　玉山之中，有一灵兽名为狡。每当它现身世间，便预示着风调雨顺，五谷盈仓，被诸国百姓视为祥瑞之兽。然而，玉山不仅有瑞兽，亦有预示灾异的神禽——胜遇，当它现身某地上空时，该地往往会遭遇大水，河川泛滥成灾。

玉山

有神 西王母

简介：女仙之宗，亦称瑶池圣母。三界十方，凡女子成仙者，需先拜王母。
神状：长着豹一样的尾巴、老虎一样的牙齿，善于长啸。头发蓬散，头上戴着首饰。
神职：掌管天上的灾疫和刑罚之事。

● 影视剧演绎

在仙侠剧中，玉山常被描绘为灵气汇聚的上古圣境，是群仙所居、神祇栖息之地。若无西王母允准，严禁擅入，凡尘之人更是难窥其貌，这愈发增添了玉山的神秘色彩。

形态：状如犬，有豹纹，长着牛角一样的角。
技能：它一旦出现，所在之国就会迎来大丰收。

形态：身形像长尾的野鸡，颜色赤红。
技能：它一旦出现，所在之国就会遭受水灾。

有狡兽

有鸟胜遇

长留山

白帝少昊居之

长留山山主为白帝少昊，他身为五方天帝之一，执掌西方天地。山中万兽皆有异相：尾巴上都有奇特而绚丽的花纹，山中禽鸟则是头上都长有花纹。

员神䰠氏也居住在长留仙山中，职掌日落之后、余晖未消的光影，即傍晚那绚丽的霞光。也有说法认为是白帝少昊掌管霞光。

● **影视剧演绎**

仙气萦绕的长留仙山，是影视作品中的重要场景和故事发生地。

长留山通常被描绘成一个神秘梦幻、充满灵气的仙境，此处居住着一位心怀天下苍生的神祇。这里同时也是修仙之人向往的仙都，吸引着无数修仙者前来修炼。

长留山

形态：山中的鸟类，头上都有花纹。

有鸟

神职：西方天帝，主宰金与秋收之令。

有兽

神职：掌管晚霞。

形态：山中的野兽，尾巴上都有花纹。

白帝少昊
有神

员神魂氏
有神

原文：又西二百里，曰长留之山，其神白帝少昊居之。其兽皆文尾，其鸟皆文首。是多文玉石。实惟员神魂氏之宫。是神也，主司反景。

——《西山经》

不周山

有山而不合

《山海经》中有两处提到不周山，其中《大荒西经》记载，在西北海之外最荒远的角落，有一座无法合拢的山，名叫不周山。有两个黄色的神兽守护着这座山，山中有一条寒暑水。水的西面是湿山，东面是幕山。

《西山经》中也提到了不周山，它北望诸毗（pí）山，对面是岳崇山，东望泑泽，山中长有一种能结鲜美果实的果树。

原文一：西北海之外，大荒之隅，有山而不合，名曰不周负子，有两黄兽守之。有水曰寒暑之水。水西有湿山，水东有幕山。

——《大荒西经》

原文二：又西北三百七十里，曰不周之山。北望诸毗之山，临彼岳崇之山，东望泑泽，河水所潜也，其源浑浑泡泡。爰有嘉果，其实如桃，其叶如枣，黄华而赤柎，食之不劳。

——《西山经》

形态：果实形状像桃，叶子像枣树叶，开黄色的花，长着红色的花萼。
技能：人食之便不会感到疲劳。

嘉果
有果

两黄兽
有兽

● 神话故事

　　共工怒触不周山，又称共工触山，是一个著名的上古神话传说。共工触山与女娲补天、后羿射日、嫦娥奔月并称中国古代著名的四大神话。

　　《淮南子·天文训》记载，共工与颛顼争夺天帝之位失败后，愤怒地撞击了不周山，导致天柱折断，地维断绝，天往西北方向倾斜，地向东南方向塌陷，于是日月星辰的位置发生了移动，水流和尘埃也向东南汇聚。

不周山

青要山

宜女子居住之地

《中山经》中有一座山，名为青要山，此山非普通的山峦，它是黄帝在下界设立的隐秘行宫，深藏世外，常人难觅其踪。山中有一位神女名为武罗，是青要山之主和守护神，掌管着山中的一切生灵。

青要山被誉为女子福地，因山中生长着一种驻颜仙草，名曰荀草。服食此草会使人容光焕发、肤若凝脂，变得更加美丽。山中还栖息着一种神鸟，名为鸥（yǎo）鸟，人若吃了它的肉，便能福泽延绵，子嗣兴旺。

青要山

神状：长着人一样的脸，身上布满豹纹，细腰白齿，耳朵上戴着金饰。
神职：守护青要山。

武罗
有神

原文：又东十里，曰青要之山，实惟帝之密都……䰠（shén）武罗司之，其状人面而豹文，小要而白齿，而穿耳以镰（qú），其鸣如鸣玉。是山也，宜女子。畛（zhěn）水出焉，而北流注于河。其中有鸟焉，名曰鴢（yǎo），其状如凫，青身而朱目赤尾，食之宜子。有草焉，其状如葌而方茎、黄华、赤实，其本如藁本，名曰荀草，服之美人色。

——《中山经》

形态：状似野鸭，身子是青色的，朱目赤尾。
技能：人若服食其肉，可福泽后世，使子孙昌盛，血脉绵长。

形态：四方形的茎干，开黄花，结红色果实。
技能：食其果实，可使人容颜美丽。

有鸟 鴢鸟

有草 荀草

苍梧山

舜帝所葬之地

《海内南经》中记载："苍梧之山，帝舜葬于阳，帝丹朱葬于阴。"根据其描述，帝舜死后葬在苍梧山的南面，帝丹朱（传说中帝尧之子）死后葬在苍梧山的北面。

自秦汉以来，历代王朝均对舜帝举行了隆重的祭祀活动，以彰显自身继承圣王之道，祈求国家安宁、风调雨顺。千百年来，众多文人骚客登临九嶷山，留下了大量经典诗文。

● 神话故事

苍梧山一般指九嶷山，得名于舜帝南巡的传说。司马迁的《史记·五帝本纪》中记载："（舜）践帝位三十九年，南巡狩，崩于苍梧之野。葬于江南九嶷，是为零陵。"

舜帝陵中的《万山朝舜图》讲述的便是舜帝驾崩九嶷山后，草木悲鸣、山川俯首的神圣场景，万座山峰纷纷转向，遥向舜帝俯首而拜，堪称"万里江山朝九嶷，九嶷群峰拱舜源"。

苍梧山

有关舜帝的葬身之所，除苍梧之山、苍梧之野外，还有苍梧之丘以及苍梧之渊，大抵都指九嶷山下。其中，苍梧之野，指在南海之中，有一座泛天山，它位于赤水的尽头。赤水的东面有个地方叫苍梧之野，帝舜与叔均死后都埋葬在这里。苍梧之丘，是指南方的苍梧丘，丘的附近有一个苍梧渊，它们之间是九嶷山，即帝舜死后埋葬的地方。

● **地理位置考究**

　　苍梧山今指湖南省永州市九嶷山舜帝陵景区，是国家 4A 级旅游景区。

有神

帝舜

帝丹朱

幽都山

幽冥入口

北海之内有一座山，名为幽都山，黑水发源于此山。山上有黑色的鸟、黑色的蛇、黑色的豹、黑色的老虎以及尾巴蓬大的黑色狐狸。相传，此山是幽冥入口。

原文：北海之内，有山名曰幽都之山，黑水出焉。其上有玄鸟、玄蛇、玄豹、玄虎、玄狐蓬尾。

——《海内经》

● **神话故事**

汉代王充在《论衡·订鬼》中也记有一山，在沧海之中，名为度朔山。山上有一棵大桃树，其枝干屈蟠三千里。树枝间的东北方叫鬼门，百鬼由此出入。因此，度朔山大桃木下，亦被传为幽冥界的入口。

幽都山

有鸟 玄鸟

有兽 玄蛇 玄豹 玄虎 玄狐

形态：黑色的鸟。

山中之兽皆为黑色。

度朔山上有两位神人，一位叫神荼，另一位叫郁垒，负责镇守万鬼，惩治恶鬼。百姓感激神荼、郁垒的守护，便将其画像贴在门上驱鬼辟邪。神荼、郁垒成了中国最早的门神。

除了幽都山和度朔山大桃木下，鬼门关以及酆都城也是神话传说中有名的幽冥界入口。

鬼门关是神话传说中的阴世，鬼魂进入冥界的必经之路，为阴曹地府的关隘。白雾笼罩，阴森幽暗，气氛诡异。酆都城为酆都北阴大帝司管，酆都北阴大帝位居冥司神灵之最高位，为天下鬼魂之宗。无数阴魂在酆都城内徘徊，等待审判。

度朔山

御凶魅，镇守万鬼。

郁垒
神荼

有神

大桃木

有木

绵延盘绕三千里，东北方为万鬼出入的鬼门。

山神图鉴

　　古人将山岳神化而加以崇拜，这源于人类对自然的敬畏。人们认为山无论大小皆有神灵，每座山都由山神掌管，依附于山的鬼怪精灵、魑魅魍魉皆有灵魂。而山神主宰领地内的一切，掌管吉凶、祸福赏罚。

　　若虔诚祭祀山神，山神可佑一方安宁；如若触怒山神，便会受到惩戒降罪。

神兽类　鸟身龙首神　龙身人面神　羊身人面神　人面蛇身神　兽身人面神　马身龙首神　人面马身神　人面牛身神　豕身人面神　人面三首神

人神类　英招　陆吾　长乘　江疑　耆童　帝江　精卫　武罗　泰逢　熏池　骄虫　帝台

《五藏山经》中不仅记载了各山神的样貌、职能，对于不同山神的不同祭祀方式也进行了详细的阐述。

根据山神的样貌，大致可分为神兽与人神两大类。无论是人神还是神兽，他们都与山脉的气运密切相关，被视为山岳的守护者或象征。

天愚

蠱（tuó）围

计蒙

涉蠱

耕父

于儿

烛阴

太子长琴

噓

九凤

强良

柏高

神兽类

鸟身龙首神

守护：自招摇山至箕尾山，共计十座山，距离二千九百五十里。

祭祀：祭祀鸟身龙首神时，把带毛的动物和玉璋一起埋入地下，用糯米作为祭神用的精米，把白茅作为草席铺在山神座下。

记载：凡鹊山之首，自招摇之山以至箕尾之山，凡十山，二千九百五十里。其神状皆鸟身而龙首。其祠之礼：毛用一璋玉瘞（yì），糈（xǔ）用稌（tú）米，白菅（jiān）为席。——《南山经》

招摇山

箕尾山

距离共计二千九百五十里

招摇山：《南山一经》记载，招摇山紧邻西海，山中桂树繁茂，还蕴藏着丰富的金和玉。山中草木皆通灵性，并有灵兽、灵水藏于山中。

箕尾山：《南山一经》中记载箕尾山的尾部坐落在东海边，山上多沙石。汸水发源于此山，向南流入淯水，汸水之中有很多白玉。

龙
身
人
面
神

守护：自天虞山至南禺山，共计十四座山，距离六千五百三十里。

祭祀：祭祀龙身人面神时，需杀一条白色的狗来祈祷，用糯米作祭祀用的精米。

记载：凡南次三经之首，自天虞之山以至南禺之山，凡一十四山，六千五百三十里。其神皆龙身而人面。其祠皆一白狗祈，糈用稌。——《南山经》

天
虞
山

南
禺
山

距离共计六千五百三十里

天虞山：《南次三经》中的第一座山。山下多水，人无法登上去。

南禺山：如前文所述，山上有很多金玉，山下水源丰富，水边常有凤凰和鹓雏栖息。

羊身人面神

守护：自崇吾山至翼望山，共计二十三座山，距离六千七百四十四里。

祭祀：祭祀羊身人面神时，需把一块吉玉埋入地下，将稷米作为祀神用的精米。

记载：凡西次三经之首，崇吾之山至于翼望之山，凡二十三山，六千七百四十四里。其神状皆羊身人面。其祠之礼，用一吉玉瘗，糈用稷米。——《西山经》

崇吾山

翼望山

距离共计六千七百四十四里

崇吾山：《西次三经》中的第一座山。崇吾山位于黄河南面，北面可望到冢遂山，南面可望见瑶之泽，西面可看到黄帝与猛兽搏斗的丘陵，东面可眺望到蟜渊。

翼望山：《中次十一经》中荆山山系的第一座山。湍水发源于此山，向东流入济水；贶（kuàng）水也发源于此山，向东南流入汉水，水中有许多蛟龙。

人面蛇身神

守护：自单狐山至隄山，共计二十五座山，距离五千四百九十里。

祭祀：祭祀人面蛇身神时，需将一只鸡和一头猪当作祭祀用的带毛动物，把它们和一块彩色的玉埋入地下，祭祀时不用精米。

记载：凡北山经之首，自单狐之山至于隄山，凡二十五山，五千四百九十里。其神皆人面蛇身。其祠之：毛用一雄鸡、彘瘗，吉玉用一珪，瘗而不糈。——《北山经》

单狐山

隄山

距离共计五千四百九十里

单狐山：《北山经》中的第一座山。山中长着许多榾木，山上长有许多华草。滛水发源于此山，向西流入泑水，水中有很多紫色的和带花纹的石头。

隄山：《北山一经》中记载隄山上有很多马，山中有一种野兽，形状似豹，脑袋上长有花纹，这种兽名叫䍜。隄水发源于此山，向东流入泰泽，水中有很多龙龟。

兽身人面神

守护：自空桑山至于山，共计十七座山，距离六千六百四十里。

祭祀：祭祀兽身人面神时，需用一只鸡作为祭品进行祈祷，用一块玉璧作为系在山神颈部的饰物，祭祀完毕后将其埋入地下。

记载：凡东次二经之首，自空桑之山至于山，凡十七山，六千六百四十里。其神状皆兽身人面载觡（gé）。其祠：毛用一鸡祈，婴用一璧，瘗。——《东山经》

空桑山

于山

距离共计六千六百四十里

空桑山：《东次二经》中的第一座山。此山北面临近食水，东面可望见沮吴，南面能看到沙陵，西面可望到滍泽。山中有一种野兽，形状像牛，身上有虎纹，发出的声音如人的呻吟声，这种兽名为軨軨。它的叫声像是在自呼其名，只要它一出现，天下就会发生大水灾。

于山：《山海经》原文中对于山记载不详。

马身龙首神

守护：自女几山至贾超山，共计十六座山，距离三千五百里。

祭祀：祭祀马身龙首神时，需以一只雄鸡作为带毛的动物，埋入地下作为祭品，以糯米作为祭祀用的精米。

记载：凡岷山之首，自女几山至于贾超之山，凡十六山，三千五百里。其神状皆马身而龙首。其祠：毛用一雄鸡瘗，糈用稌。——《中山经》

女几山

贾超山

距离共计三千五百里

女几山：《中次九经》中岷山山系的首座山，山上有许多石墨，山中树木多为杻树、橿树，草类多为菊。洛水发源于此山，向东流入长江。山中还有许多雄黄，兽类多是虎和豹。

贾超山：《中次九经》中记载贾超山的南面有许多可作涂料的黄色土，北面有许多优质的红土，山中的树木多为山楂树、栗树、橘树和柚树，还长着许多龙须草。

人面马身神

人面牛身神

守护：自钤（qián）山至莱山，共计十七座山，距离四千一百四十里。

祭祀：祭祀人面马身神以雄鸡作祭品，不用精米，祭祀用的雄鸡必须是杂色的。

祭祀人面牛身神时用羊和猪作为祭品，用白茅草铺成山神的坐席。

记载：凡西次二经之首，自钤山至于莱山，凡十七山，四千一百四十里。其十神者，皆人面而马身。其七神皆人面牛身，四足而一臂，操杖以行，是为飞兽之神。其祠之：毛用少牢，白菅为席。其十辈神者，其祠之：毛一雄鸡，钤而不糈，毛采。——《西山经》

钤山

莱山

距离共计四千一百四十里

钤山：《西次二经》中的首座山。山上有很多铜，山下有很多玉，山中的树木大多是杻树和橿树。

莱山：《西次二经》中记载莱山上生长的树木多是檀树和构树，山中的鸟多是罗罗鸟，这种鸟能吃人。

豕身人面神

人面三首神

守护：自休与山至大騩山，共计十九座山，距离一千一百八十四里。

祭祀：祭祀豕身人面神时，献祭一只纯色的全羊，用带有彩色花纹的玉作为悬挂在山神颈部的饰物，将其埋入地下。

祭祀人面三首神时，用牛、羊、猪三牲齐备的太牢之礼，以彩色的玉作为悬挂在山神颈部的饰物。

记载：凡苦山之首，自休与之山至于大騩之山，凡十有九山，千一百八十四里。其十六神者，皆豕（shǐ）身而人面。其祠：毛牷（quán）用一羊羞，婴用一藻玉瘗。苦山、少室、太室皆冢也。其祠之：太牢之具，婴以吉玉。其神状皆人面而三首，其余属皆豕身人面也。——《中山经》

休与山

大騩山

距离共计一千一百八十四里

休与山：《中次七经》中苦山山系的首座山。山上有一种石子，名叫帝台之棋，它们五彩斑斓，并带有花纹，形状与鹌鹑蛋相似。帝台之石是用来向百神祈祷的，服食它可以不受毒热恶气的侵袭。山上长着一种草，形状像蓍草，叶子是红色的，且茎干丛生，这种草名叫凤条，可以用来制作箭杆。

大騩山：《中次七经》记载此山的北面有很多铁、美玉和青垩。

人神类

英招《西山经》

司管：槐江山。

神状：马身人面，虎纹鸟翼。

简介：槐江山山神英招，负责管理天帝在下界的一座悬圃，兼负巡行四海之责。

陆吾《西山经》

司管：昆仑丘。

神状：虎身九尾，人面虎爪。

简介：掌管天之九部和天帝园圃的时令节气，昆仑之丘的神树珠树、文玉树及山上的异兽也归其管辖。

长乘《西山经》

司管：嬴母山。

神状：人状豹尾。

简介：嬴（luǒ）母山山神长乘，汇聚九德之气。所谓天之九德，即忠、信、敬、刚、柔、和、固、贞、顺。

江疑《西山经》

司管：符惕山。

神状：未作描述。

简介：隐居于符惕山的天神，掌控风雨变幻，主宰着雾运行。因此，此山常年怪雨频作，云涌风腾，仿佛天地间的气息皆由此间开始流转。

耆童《西山经》

司管：騩山。

神状：未作描述。

简介：騩山下蛇群盘踞，异象频生，天神耆童镇守于此。虽难窥其形貌，但他发出的声音如同敲击钟磬的声响，深沉浑厚，回荡于山谷之间。

帝江《西山经》

司管：天山。

神状：六足四翼，浑敦无面。

简介：身体红如火焰，长着六只脚、四只翅膀，脑袋混沌一团，分不清面目，却会唱歌跳舞。

精卫《北山经》

司管：发鸠山。

神状：其状如乌，文首、白喙、赤足。

简介：炎帝最小的女儿名曰女娃，不幸在东海溺水而亡，化作精卫鸟，栖息在发鸠山。它常衔西山的树枝和石子，想把东海填平。

武罗《中山经》

司管：青要山。

神状：人面豹纹。

简介：神女武罗，腰肢纤细如柳，身姿妙曼而不失神威。双耳佩戴金属耳饰，行走之间金环轻击，发出清脆悦耳的声音。

泰逢《中山经》

司管：和山。

神状：人状虎尾。

简介：泰逢是位吉神，拥有变化莫测的法力，可以撼动天地之气。每当他出现时，周身会散发神奇的光彩。

熏池《中山经》

司管：敖岸山。

神状：未作描述。

简介：文中虽并未描述熏池的样貌，但记载显示，祭祀这位山神时，需选用一只健硕的公羊作为祭品，同时将一块彩色的玉石系于神像颈部。

骄虫《中山经》

司管：平逢山。

神状：人状二首。

简介：身形似人，长有两个脑袋。骄虫乃螯虫的首领，也是一切蜂类动物的宗主。

帝台《中山经》

司管：鼓钟山。

神状：未作描述。

简介：帝台将鼓钟山作为宴请百神的圣域，每当设宴之际，此山便成为诸神聚集之所。诸神从四面八方而来，身披神光，驾云乘风，飞临此山。

天愚 《中山经》

司管：堵山。

神状：未作描述。

简介：此山气候异象频现，风云变幻无常，常常刮起怪风、骤降怪雨。堵山的奇异气候与天愚息息相关，应该是其神力的显现。

鼍围 《中山经》

司管：骄山。

神状：人面，羊角、虎爪。

简介：这位天神栖居于巍峨的骄山之中，却常在睢水和漳水的深潭中巡游。每当他出入水泽时，身上便会散发出璀璨的光芒。

计蒙 《中山经》

司管：光山。

神状：人身而龙首。

简介：光山上盛产青绿色的玉石，计蒙居住于此。他常巡游于漳水的深潭之中，每次出入时必定伴随旋风暴雨。

涉鼍 《中山经》

司管：岐山。

神状：人身而方面，三足。

简介：此山灵气汇聚，宝藏丰饶。山南赤金铺地，山北玉石遍布。山中栖居着一位古老的山神涉鼍，形貌端肃威严，天生三足。

耕父 《中山经》

司管：丰山。

神状：未作描述。

简介：耕父虽栖身于丰山中，但他常到清泠渊巡游。每当他出入之际，身上便散发着熠熠神光。然而，他出现在哪个国家，便预示着该国的气运将尽。

于儿 《中山经》

司管：夫夫山。

神状：人身而身操两蛇。

简介：这位神祇长着人一样的身子，手握两条灵蛇，常在长江的深潭里巡游，出入时周身散发出闪闪的光芒。

烛阴 《海外北经》

司管：钟山。

神状：人面蛇身，赤色。

简介：掌九州昼夜之序。睁目为昼，闭目为夜。口中精火如烛，映照在北方幽暗的天门之中，光芒可透达九幽之境。据郭璞考证与后文所述烛龙为同一物。

太子长琴 《大荒西经》

司管：榣山。

神状：未作描述。

简介：太子长琴，精于音律，隐居在榣山幽寂的山谷中。他常于山间抚琴，琴声悠扬似天籁，回荡在这片山林之中。

噓 《大荒西经》

司管：日月山。

神状：人面无臂。

简介：大荒之中，有山名曰日月山，传闻此处是天的枢纽，亦是日月沉降之所，山神噓掌管着这里。

九凤 《大荒北经》

司管：北极天柜山。

神状：九首，人面、鸟身。

简介：大荒之中有山名为北极天柜，山中居住着一位山神，名叫九凤。名如其形，有九个脑袋，人一样的脸，身如飞鸟般可展翅翱翔。

强良 《大荒北经》

司管：北极天柜山。

神状：虎首人身，四蹄、长肘。

简介：与九凤共同栖居于北极天柜山的，还有一位山神名曰强良。此神形貌奇异，虎首人身，神色凶猛，不怒自威。他嘴中衔着一条蛇，手里还握着一条蛇。

柏高 《海内经》

司管：肇山。

神状：未作描述。

简介：华山和青水以东，有座山名为肇山。山上有异人柏高，非尘世凡人，常常在肇山之巅，凭借神力自在往返天界和人间。

仙山者，天地之灵脉，万物之圣境，或凌云巍峨，或漂浮沧海，藏神仙之居，育异兽奇禽。

　　此诸仙山，世人仰望，虽不可至，然心向往之，故仙道长存，传说不息。

第二章

遗泽有录

水神图鉴

　　《山海经》中记载了诸多与水相关的神祇，他们或掌控江河湖海，或具备特殊的水性能力。例如人面鸟身、耳戴青蛇、脚踩赤蛇的北海之神禺强，八首人面、八足八尾（另一说为虎身十尾）的上古水伯天吴，还有长着人面、驾乘着两条龙的黄河河伯冰夷。

　　这些水神与中国古代治水、航海以及洪水神话密切相关，充分展现了先民对水的崇拜、畏惧以及治理水患的智慧。

禺强
北海之神

天吴
上古水伯

冰夷
黄河河伯

北海之神

禺强

禺强为传说中的海神、风神，亦作禺疆、禺京，是黄帝之孙。他统治着北海，辅佐北方黑帝颛顼，管理冬季。

郭璞在注解《山海经》时提到："（禺强）字玄冥，水神也。"因此后世常将禺强与玄冥看作同一人。

西汉的《淮南子·天文训》对五行水神玄冥的描述是："北方，水也，其帝颛顼，其佐玄冥，执权而治冬。"唐代丘光庭在《兼明书·五行神》中也有记载："木神曰句芒，火神曰祝融，土神曰后土，金神曰蓐收，水神曰玄冥。"

原文：北海之渚中，有神，人面鸟身，珥两青蛇，践两赤蛇，名曰禺强。

——《大荒北经》

禺强

● **其他三海之神**

东海主神：禺貔。

　　原文：东海之渚中，有神，人面鸟身，珥两黄蛇，践两黄蛇，名曰禺貔。

——《大荒东经》

西海主神：弇兹。

　　原文：西海渚中，有神，人面鸟身，珥两青蛇，践两赤蛇，名曰弇兹。

——《大荒西经》

南海主神：不廷胡余。

　　原文：南海渚中，有神，人面，珥两青蛇，践两赤蛇，曰不廷胡余。

——《大荒南经》

北海之神、风神

神职

神状

北海水域

人面鸟身，两耳各悬一条青蛇，脚踏两条赤蛇。

043

上古水伯

天吴

  《山海经》中有两处记载了天吴，《海外东经》记载："朝阳之谷，神曰天吴，是为水伯。在虹虹北两水间。其为兽也，八首人面，八足八尾，皆青黄。"由此可见，天吴长着八颗脑袋，面部与人脸相似，有八条腿、八条尾巴，全身呈青黄色。

  《大荒东经》中也有对天吴的记载："有神人，八首人面，虎身十尾，名曰天吴。"其描述与《海外东经》稍有不同，虽同样长着八颗脑袋、人一样的脸，但为虎身，有十条尾巴。

一说八首人面，八足八尾；
一说八首人面，虎身十尾。

神状

神职　水伯

水域　朝阳谷

天吴

黄河河伯

冰夷

　　《海内北经》中记载："从极之渊，深三百仞，维冰夷恒都焉。冰夷人面，乘两龙。"郭璞注："冰夷，冯夷也。"

　　除了《山海经》，冰夷还出现在多处记载中。例如，《搜神记》中记载："宋时弘农冯夷，华阴潼乡堤首人也。以八月上庚日渡河，溺死。天帝署为河伯。"《博物志》中也有描述："冯夷，华阴潼乡人也。得仙道，化为河伯。"

　　因此，冰夷被奉为黄河水神，亦有说法认为其是河川之神的通称。古时民间有祭祀河伯的习俗，以求免遭水患。

人面，驾乘着两条龙。

水域
从极渊

神状

黄河河伯
神职

冰夷

奇鱼图鉴

　　《山海经》中除了上述水系神妖、异兽,亦记载了许多令人惊叹的奇特鱼类,这些鱼类不仅形态各异,而且充满了神话色彩。

　　《山海经》中出现的上古奇珍异兽有 300 多种,其中鱼类有 50 多种。这些深海之灵具备各种神奇的能力和特性,例如,有可以防御凶险的冉遗鱼,有可以御火的鰼(xí)鰼鱼,有体内可以生珠的䗩魮(rú pí)鱼和珠鳖鱼,还有一现身天下便会大水、大旱的鱼类,以及许多具有神奇疗愈功能的鱼类。

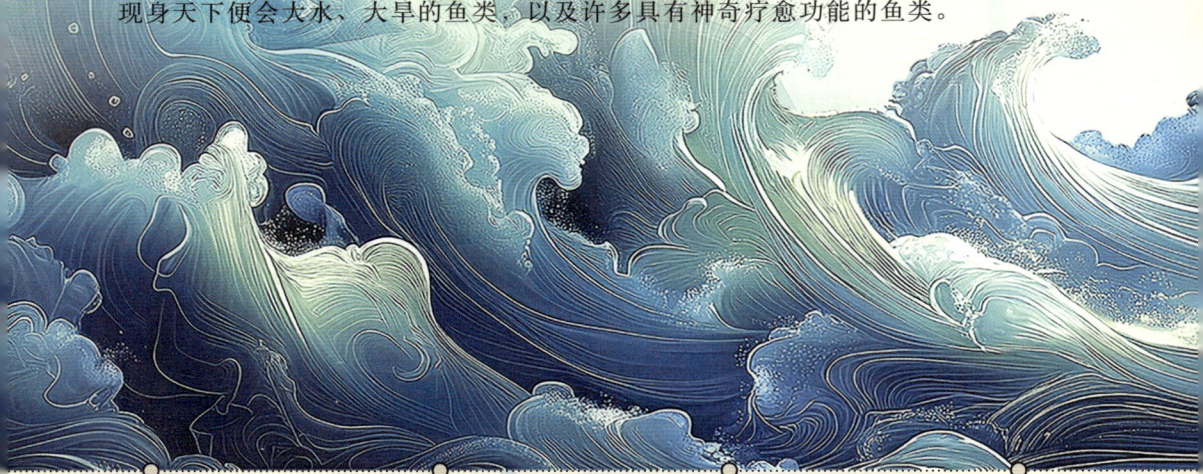

龙鱼
乘之可游九州之鱼

冉遗鱼
可御凶之鱼

䗩魮鱼、珠鳖鱼
可生珠之鱼

鳛鱼、鲔(tuán)鱼、薄鱼
可致大旱之鱼

鱼类崇拜与鱼神信仰，体现了古代社会对自然资源的依赖和敬畏。《尔雅·释地》中有言："鱼丽，言太平、年丰、物多也。"海岛居民常常通过对鱼的祭祀、献礼、歌舞等形式，来表达他们对年丰物阜的追求和渴望。

在中国传统文化中，鱼常常是富贵繁荣、盈余和丰饶的象征。因"鱼"与"余"同音，表达了"年年有余"的美好愿望。

可治病之鱼

鲬（yì）鱼、鲍鱼、父鱼、豪鱼、文鳐鱼、滑鱼、鯈（tiáo）鱼、何罗鱼、鱮（zǎo）鱼、

可兆水之鱼

赢鱼

可御火之鱼

鳛鳛鱼

乘之可游九州之鱼

龙鱼

《海外西经》记载，龙鱼居住在诸夭之野的北面，有神圣乘此以行九野。

这里提到了一个地理概念"九野"，所谓九野便是"九州之地"，那么何为九州呢？根据《海内经》记载："帝乃命禹卒布土，以定九州。"大意是天帝命令禹治理洪水，禹最终以土工遏制了洪水，并划定了九州。

关于九州的划定，不同典籍说法不一，例如《尚书·禹贡》《尔雅·释地》《周礼》《吕氏春秋》《淮南子·地形训》等书籍分别阐述了何为九州。此处以先秦时期典籍《尚书·禹贡》为依据，九州即：冀州、兖州、青州、徐州、扬州、荆州、豫州、梁州、雍州。

诸夭之野的北面。

水域

龙鱼

原文：龙鱼陵居在其北，状如狸。一曰鰕（xiā）。
即有神圣乘此以行九野（指九州之地）。

——《海外西经》

一说状如狸；
又说状似娃娃鱼。

形
态

驮着圣人巡游
于九州之地。

神
职

可御凶之鱼

冉遗鱼

　　《西山经》中有一座山，名为英鞮（dī）山，山上长着很多漆树，山下有丰富的金和玉，山中鸟兽都是白色的。

　　浼（yuān）水发源于此山，向北流入陵羊泽。水中有很多冉遗鱼，长着鱼一样的身子、蛇一样的脑袋，有六只脚，眼睛的形状如马的耳朵一般。

冉遗鱼

水域

英鞮之山，
浼水之中。

原文：又西三百五十里，曰英鞮之山，上多漆木，下多金、玉，鸟兽尽白。涴水出焉，而北流注于陵羊之泽。是多冉遗之鱼，鱼身、蛇首、六足，其目如马耳，食之使人不眯（mì，梦魇），可以御凶。

——《西山经》

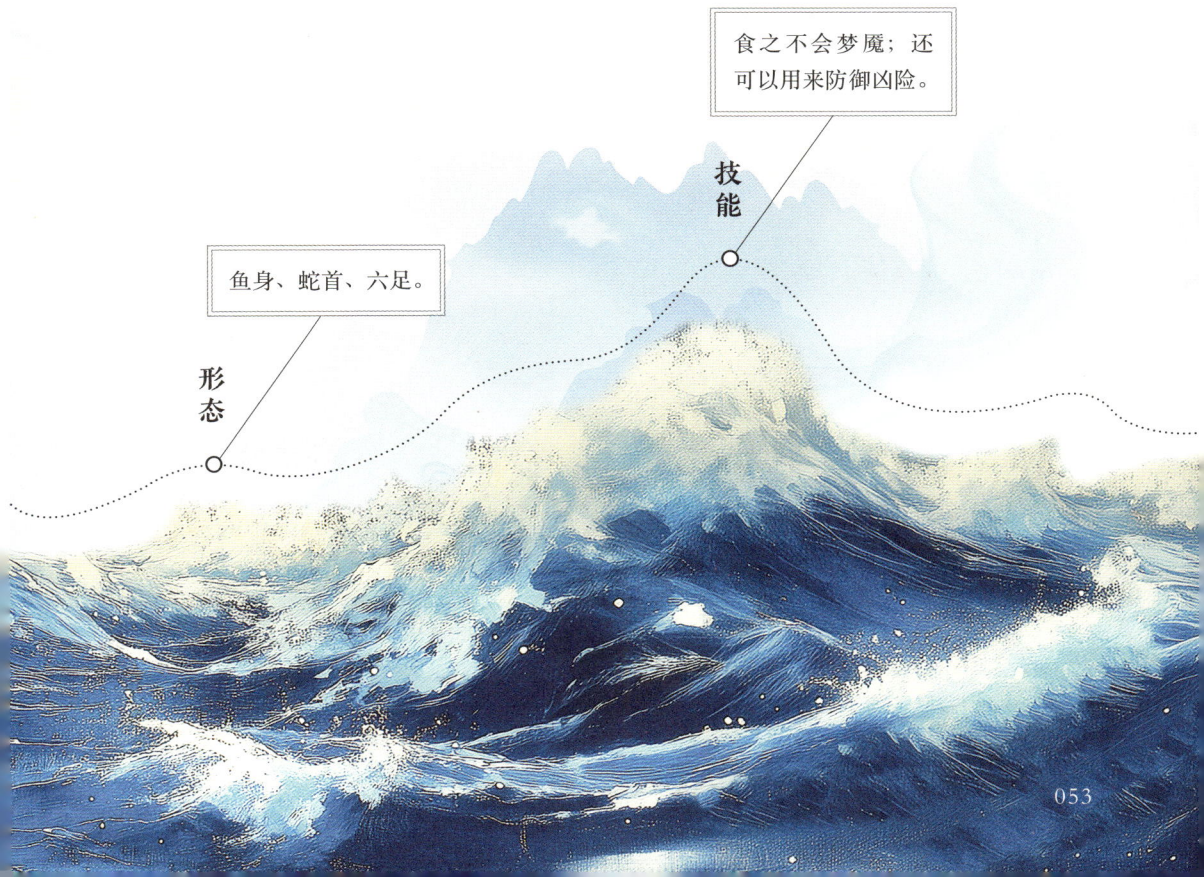

食之不会梦魇；还可以用来防御凶险。

技能

鱼身、蛇首、六足。

形态

可生珠之鱼

鳌鮔鱼、珠鳖鱼

《西山经》中有座山，名为鸟鼠同穴山，山上有很多白虎和白玉。滥水发源于此山的西面，并向西注入汉水，水中有很多鳌鮔鱼，它的形状像倒扣着的铫（yáo），长着鸟一样的脑袋、鱼一样的鳍和尾巴，叫声像敲击磬石的响声，能从体内排出珠玉。

原文：又西二百二十里，曰鸟鼠同穴之山，其上多白虎、白玉。……滥水出于其西，西流注于汉水，多鳌鮔之鱼，其状如覆铫，鸟首而鱼翼鱼尾，音如磬石之声，是生珠玉。

——《西山经》

鳌鮔鱼

鸟鼠同穴山，滥水之中。

鸟首、鱼翼、鱼尾。

水域

形态

《东山经》中记载了一座山，名为葛山，山中不长草木。澧水由此发源，向东流入余泽，水中有很多珠蟞鱼，体内有珠子，这种鱼味道酸甜，人吃了它就不会感染瘟疫。

《山海经》中除了这两种鱼可以"生珠"，还有一种形似野猪的异兽，体内含珠，名为狪狪，生活在泰山上。

原文：又南三百八十里，曰葛山之首，无草木。澧水出焉，东流注于余泽，其中多珠蟞鱼，其状如肺而有四目，六足，有珠，其味酸甘，食之无疠。

——《东山经》

珠蟞鱼

葛山之首，
澧水之中。

水域
〇

形状如肺，四目、六足。

形态
〇

可致大旱之鱼

鳛鱼、鲣鱼、薄鱼

《东山经》中有座山，名为子桐山。子桐水由此处发源，向西注入余如泽。水中有很多鳛鱼，在水中出入时身体会闪闪发光，发出的声音与鸳鸯的叫声相似。只要它一出现，天下就会发生大旱灾。

除鳛鱼外，还有鸡山黑水中的鲣鱼和女烝山帛水中的薄鱼，一出现也会引发大旱。

原文：又东南二百里，曰子桐之山。子桐之水出焉，而西流注于余如之泽。其中多鳛鱼，其状如鱼而鸟翼，出入有光，其音如鸳鸯，见则天下大旱。

——《东山经》

子桐之山，
子桐之水。

水域

鱼形，长着禽鸟的翅膀。

形态

056

体形与鲫鱼相似，身上有类似猪毛的毛。

形态

水域

原文：又东五百里，曰鸡山。……黑水出焉，而南流注于海。其中有鮨鱼，其状如鲋(fù)而彘毛，其音如豚，见则天下大旱。

——《南山经》

鸡山之上，黑水之中。

鮨鱼

女烝山上，帚水之中。

状如鳝鱼，只有一只眼睛。

形态

薄鱼

水域

原文：又东南三百里，曰女烝之山，其上无草木。石膏水出焉，而西注于帚水，其中多薄鱼，其状如鳝鱼而一目，其音如欧，见则天下大旱。

——《东山经》

鳍鱼

可御火之鱼

鳛鳛鱼

涿光之山，嚣水之中。

水域

状如喜鹊，有十翼。

形态

《北山经》中有一座山，名为涿光山。嚣水发源于这座山，向西流入黄河。水中有许多鳛鳛鱼，形状像喜鹊，长着十只翅膀，鱼鳞均长在翅膀的前端，叫声与喜鹊的叫声相似，不仅可以御火，吃了它的肉还不会患黄疸病。

技能

人们可以用它来防火。

原文：又北三百五十里，曰涿光之山。嚣水出焉，而西流注于河。其中多鳛鳛之鱼，其状如鹊而十翼，鳞皆在羽端，其音如鹊，可以御火，食之不瘅。

——《北山经》

可兆水之鱼

嬴鱼

嬴鱼

邽山之上、濛水之中。

水域

鱼身、鸟翼。

形态

技能

只要一出现就会发生水灾。

《西山经》中有一座山，名为邽山。濛水发源于此山，向南流入洋水。水中有很多黄色的贝和嬴鱼，嬴鱼长着鱼身，有鸟一样的翅膀，叫声与鸳鸯的叫声相似。此鱼一旦现身，便有大水随之而来。

原文：又西二百六十里，曰邽山。……濛水出焉，南流注于洋水，其中多黄贝、嬴鱼，鱼身而鸟翼，音如鸳鸯，见则其邑大水。

——《西山经》

可治病之鱼

文鳐鱼、滑鱼、儵鱼、何罗鱼、鳒鱼、鮨鱼、鮯父鱼、豪鱼

水域：泰器山观水。
形态：状如鲤鱼，鱼身鸟翼，白头红嘴。
技能：可治癫狂。

水域：带山彭水。
形态：状如鸡而赤毛，三尾、六足、四首。
技能：可以解忧。

水域：求如山滑水。
形态：状如鳝鱼，赤背。
技能：可治瘊子。

水域：谯明山谯水。
形态：一首而十身。
技能：可治痈肿。

文鳐鱼

滑鱼

儵鱼

何罗鱼

原文：又西百八十里，曰泰器之山。观水出焉，西流注于流沙。是多文鳐鱼，状如鲤鱼，鱼身而鸟翼，苍文而白首赤喙，常行西海，游于东海，以夜飞。其音如鸾鸡，其味酸甘，食之已狂，见则天下大穰。

——《西山经》

原文：又北二百五十里，曰求如之山。……滑水出焉，而西流注于诸之水。其中多滑鱼，其状如鳝，赤背，其音如梧，食之已疣（yóu）。

——《北山经》

原文：又北三百里，曰带山。……彭水出焉，而西流注于芘湖之水，其中多儵鱼，其状如鸡而赤毛，三尾、六足、四首，其音如鹊，食之可以已忧。

——《北山经》

原文：又北四百里，曰谯（qiáo）明之山。谯水出焉，西流注于河。其中多何罗之鱼，一首而十身，其音如吠犬，食之已痈（yōng）。

——《北山经》

水域：狱法山瀤泽水。
形态：状如鲤鱼，鸡足。
技能：可治瘊子。

水域：阳山留水。
形态：状如鲫鱼，鱼头猪身。
技能：可治呕吐。

水域：北岳山诸怀水。
形态：鱼身犬首。
技能：可治癫狂。

水域：渠猪山渠猪水。
形态：状如白鲟，红嘴红尾红鳍。
技能：可治白癣。

鱲鱼

鲑鱼

䲟父鱼

豪鱼

原文：又北二百里，曰狱法之山。瀤（huái）泽之水出焉，而东北流注于泰泽。其中多鱲鱼，其状如鲤而鸡足，食之已疣。
——《北山经》

原文：又北二百里，曰北岳之山。……诸怀之水出焉，而西流注于嚣水，其中多鲑鱼，鱼身而犬首，其音如婴儿，食之已狂。
——《北山经》

原文：又东三百里，曰阳山。……留水出焉，而南流注于河。其中有䲟父之鱼，其状如鲋鱼，鱼首而彘身，食之已呕。
——《北山经》

原文：又东十五里，曰渠猪之山，其上多竹。渠猪之水出焉，而南流注于河。其中是多豪鱼，状如鲔，赤喙尾赤羽，可以已白癣。
——《中山经》

061

　　深海者，天地之渊，其下幽冥无际，巨兽潜行，鲛人织绡，蜃气化楼；其上惊涛怒卷，流波万里，潮汐翻覆。

　　冥渊之底，难窥其境，唯流传奇闻异志，涛声不息，山海不朽。

瑞庆有象

第三章

祥瑞图鉴

在中国传统神话中，祥瑞之兽是神圣与吉祥的象征，代表着天地间的祥和。古人相信贤君仁政、国家昌盛、天下安宁之时，必有祥瑞显现，以昭示天命所归、四海归心。

龙类
烛龙、应龙、夔龙、黄龙

凤类
凤凰、三青鸟

长寿之兽
乘黄、吉量

兆丰灵瑞
当康、文鳐鱼、狡

御火之神
祝融

御火之灵

鳎鳎鱼、窃脂、䲹鵌（zhì tú）、蚔（guǐ）兽、赤鷩（bì）、鸥（mín）鸟、鸓（lěi）鸟、朣（huǎn）疏、

御疫之灵

青耕、箴鱼

御凶之兽

天狗、灌（huān）、鶭鵌（qí yú）、孟槐

御梦之灵

冉遗鱼、蠪蚔（lóng chì）、鸰鹩（líng yǎo）

龙类

烛龙、应龙、夔龙、黄龙

　　自古以来，龙以神秘威仪之姿出没于天地之间，是华夏儿女心中的灵兽和神灵。它不仅象征神力与祥瑞，更是中华民族绵延千载的精神信仰。《说文解字》不仅描述了龙的形体变化，还记录了其运行规律：可以隐身不见，也可以显现形体；既能变小也能变得巨大无比；可以变短也可以变长。到了春分时节飞升上天，到了秋分时节，它又潜入深渊。

　　《山海经》中有四大神龙，分为是烛龙、应龙、夔龙和黄龙。每一位神龙形态各异，威仪万千，拥有不同的神力，流传于神话传说之中。

烛龙

应龙

　　烛龙在西北海之外、赤水之北，乃章尾山之神，人面蛇身且全身呈赤红色。它闭目时世界变成黑夜，睁眼时世界变为白昼。吞食风雨，可把幽渺之地照亮。《大荒北经》中是这样记载的："西北海之外，赤水之北，有章尾山。有神，人面蛇身而赤，直目正乘，其瞑乃晦，其视乃明，不食不寝不息，风雨是谒。是烛九阴，是谓烛龙。"

　　上古时期，黄帝和蚩尤大战，令应龙在冀州之野迎战，斩杀了蚩尤。《大荒北经》中是这样记载的："蚩尤作兵伐黄帝，黄帝乃令应龙攻之冀州之野。应龙畜水，蚩尤请风伯、雨师，纵大风雨。黄帝乃下天女曰魃，雨止，遂杀蚩尤。"

夔龙

夔牛

黄龙

《说文解字》记述："夔，神魅也，如龙一足。"在商周时期的青铜器及玉器上，可以看到夔龙纹，亦有把夔称作夔牛的说法。《大荒东经》中是这样记载的："东海中有流波山，入海七千里。其上有兽，状如牛，苍身而无角，一足，出入水则必风雨，其光如日月，其声如雷，其名曰夔。黄帝得之，以其皮为鼓，橛以雷兽之骨，声闻五百里，以威天下。"

鲧盗取天庭的宝物息壤治水，天帝震怒殛杀了鲧。其尸身三年不腐不坏，后用吴刀剖开它，腹中有黄龙飞出，后便有了"鲧腹生禹"的说法。《归藏·启筮》转引《山海经》郭璞注："鲧死，三岁不腐，剖之以吴刀，化为黄龙也。"

● 龙的形态

不同文献对龙的形态描述不一，此处取《尔雅翼》中的记载："角似鹿、头似驼、眼似兔、项似蛇、腹似蜃、鳞似鱼、爪似鹰、掌似虎、耳似牛。"

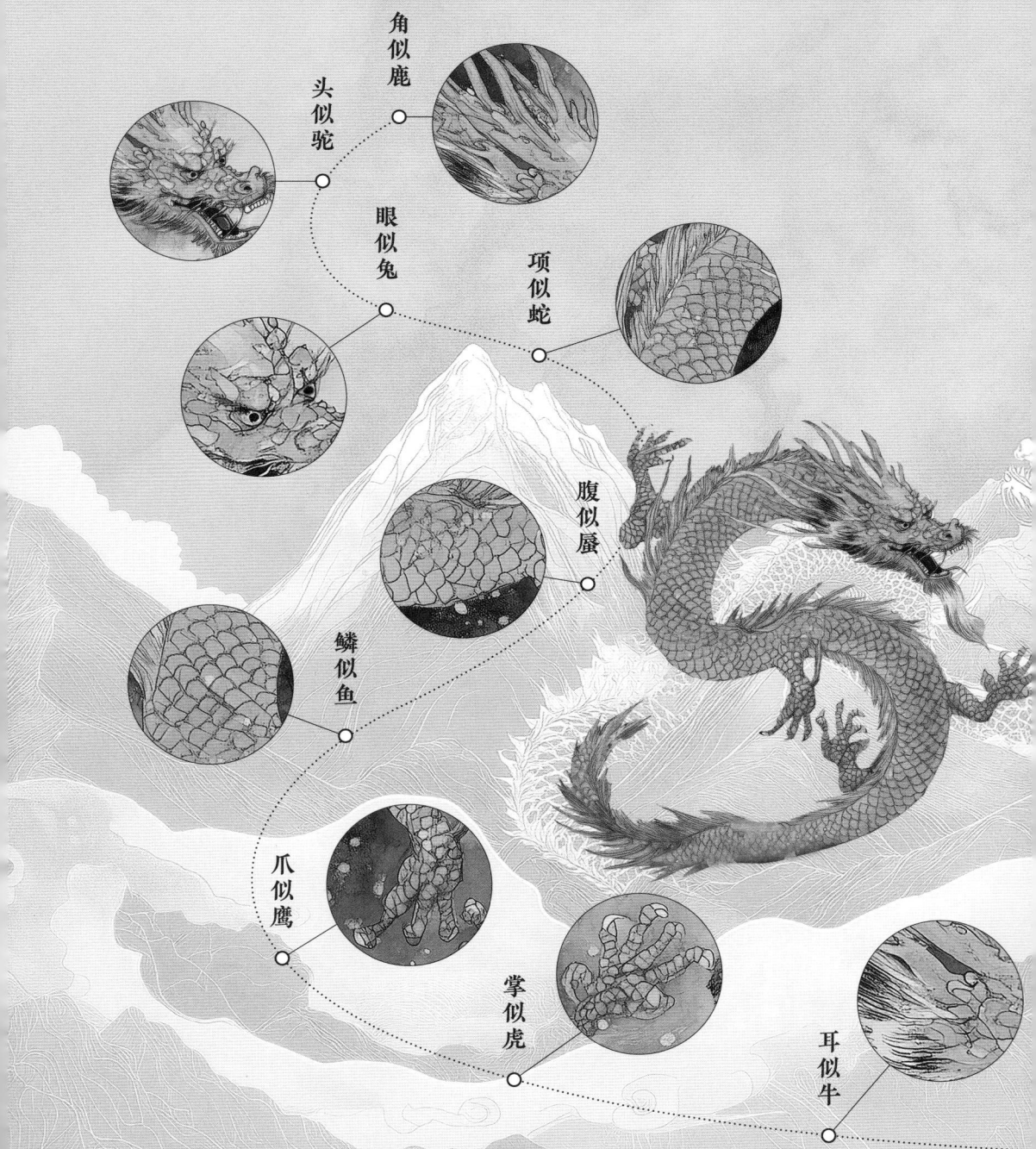

角似鹿

头似驼

眼似兔

项似蛇

腹似蜃

鳞似鱼

爪似鹰

掌似虎

耳似牛

● 龙生九子，各有不同

长子囚牛，平生好乐：性情最温顺，喜好音律。能辨万物之声，常蹲在琴头欣赏音乐。

次子睚眦（yá zì），平生好杀：常怒目圆睁，嗜杀好斗，口衔宝剑。其形多铸刻于刀环、剑柄吞口，以神形加持，威压四方。

三子嘲风，平生好险：平生喜爱冒险和远望，常被作为殿角的装饰，具有威慑妖物、辟邪镇宅的作用。

四子蒲牢，平生好鸣：害怕身形庞大的鲸，鲸一发起攻击，蒲牢便会大声吼叫。因此人们常把其铸为钟纽，将木杵做成鲸形，助钟鸣声远扬。

五子狻猊（suān ní），平生好坐：形似狮子，性喜静，常盘坐不动，好烟火，常见于香炉之上，烟雾升腾似神兽吐息。

六子霸下，平生好负重：又名赑屃（bì xì），外形像龟，善驮重物。人们常将石碑立在赑屃背上，希望依靠它的神力，使碑文不朽，千古流芳。

七子狴犴（bì àn），平生好讼：急公好义，正气凛然，能洞察是非曲直。故常雕饰于狱门上，或蹲伏官衙大堂两侧，守护公道。

八子负屃（fù xì），平生好文：雅好斯文，常盘绕在石碑头顶，和底座的霸下相搭配，让石碑更显壮观。

九子螭吻（chī wěn），平生好吞：亦名鸱尾或鸱（chī）吻，口大嗓粗喜欢吞食，是殿脊两端的吞脊兽，人们希望依靠其神力灭火驱灾。

凤类

凤凰、三青鸟

《山海经》中的凤类神鸟，主要有凤凰与三青鸟，它们承载着深厚的文化寓意与神话色彩。

凤凰在中国文化中具有吉祥的寓意，是繁荣和幸福的象征。作为百鸟之王，凤凰代表着高尚、优雅与尊贵。古人认为，逢太平盛世，便有凤凰飞来，它的出现通常预示着国泰民安。

凤凰

《山海经》是最早记载凤凰的古籍之一。《南山经》中记载丹穴山上"有鸟焉，其状如鸡，五采而文，名曰凤皇……见则天下安宁"。根据其描述，凤凰是一种形状像鸡，羽毛五彩斑斓的鸟。

凤凰还象征君子品德，屈原在《离骚》中自喻为凤凰："凤皇翼其承旗兮，高翱翔之翼翼。"凤凰代表了屈原的高贵气节与理想人格，表达了其高远的志向与抱负。

● 凤分五色

《永乐大典》载："太史令蔡衡曰：凡像凤者有五色，多赤者凤，多青者鸾，多黄者鹓雏，多紫者鸑鷟（yuè zhuó），多白者鸿鹄。"

凤
凰

青
鸾

被认为是太平盛世的征兆，寓意着天地祥和、天下太平安宁。

亦称青鸟，常伴在西王母身侧，为西王母取食。

凤凰也象征美好爱情，"凤求凰"来自西汉才子司马相如与卓文君的爱情故事。司马相如的名赋《凤求凰》曰"凤兮凤兮归故乡，遨游四海求其凰"，他自比雄凤，将卓文君比作雌凰，表达了自己寻觅良缘的心愿和对卓文君的爱慕之情。后来"凤求凰"成为象征美好爱情、才子佳人的文化符号，在诗词、书画、音乐等领域广为流传。

三青鸟

在《海内北经》中，有这样一段关于三青鸟的记载："西王母梯几而戴胜杖，其南有三青鸟，为西王母取食。"这段文字虽简短，却勾勒出了三青鸟神秘而重要的神话地位。

三青鸟是西王母座下的神鸟侍从，负责为其采集灵果、仙露，奉为神膳。《山海经》中虽未详细描述三青鸟的具体形态，但后世普遍认为，三青鸟便是传说中的青鸾，亦为凤类中的一种。

羽毛洁白，常用来比喻志向远大的人。

庄子自比鹓雏，"非梧桐不止，非练实不食，非醴泉不饮"。

呈紫色或紫黑色，象征着坚贞不屈的品质。

鹓雏　　　　　鸑鷟　　　　　鸿鹄

● 凤凰的形态

　　凤凰之形集众灵之美于一身，塑造出独一无二的神圣形态。《尔雅·释鸟》郭璞注本记载，凤凰的外形特征是："瑞应，鸟也。鸡头、蛇颈、燕颔、龟背、鱼尾、五彩色，高六尺许。出，为王者之嘉瑞。"

鸡头

蛇颈

燕颔

龟背

鱼尾

● 凤纹图案在不同时期的演变

商周时期：这一时期，凤被视为天地间的神圣力量和天命的象征，形象质朴、抽象。凤的图案通常作为纹饰出现在器物表面，传达出尊贵和权力的意味。

春秋战国时期：凤纹图案逐渐从商周时期的厚重、粗拙逐渐转向简化与灵动，展现出细腻优雅的风格。凤的形象更加具象，身形修长，羽翼展开，尾羽更加流畅优美。

秦汉时期：随着大一统帝国的建立，凤纹成为帝王和国家权威的象征，广泛出现在宫廷建筑、礼仪器具和服饰纹样中。凤的形象更加具体、壮丽，羽翼丰满。

隋唐时期：这一时期是凤纹发展的重要阶段，凤纹造型更加优雅、高贵且华丽，体现出繁盛的文化和艺术特色，广泛应用于建筑、服饰、陶瓷和金银器中。

宋元时期：宋代是文人士大夫文化的鼎盛时期，此时的凤纹线条流畅，既保持了灵动感，又展现了工艺的精细。整体风格典雅细腻，与宋朝"雅致"的审美相契合。元朝凤纹继承了汉族传统的凤图案，同时受到蒙古草原文化的影响，表现出更加粗犷、简洁的风格。

明清时期：明代时凤纹更具装饰性，图案复杂，线条细腻，细节表达更为精致。清朝凤纹刻画甚至达到繁冗的程度，"龙凤呈祥"的纹样被大规模运用。

长寿之兽

乘黄、吉量

在《山海经》中，乘黄被视为一种吉祥的神兽。人若骑在它的身上，便能活两千岁。

在其他文献中，乘黄也被描绘为具有神奇力量的异兽，能带给人吉祥、长寿和好运。先秦时期，《管子·小匡》中记载："昔人之受命者，龙龟假，河出图，洛出书，地出乘黄。今三祥未见有者，虽曰受命，无乃失诸乎？"大概意思为，古人受命为王的，总是龙龟来临，龙马负图出河，灵龟负书出洛，地出乘黄异兽。现在三种祥瑞都没有，纵然受命为王，岂不是一种错误吗？

形状与狐相似，背上长角。

乘黄

形态

原文：白民之国在龙鱼北，白身被发。有乘黄，其状如狐，其背上有角，乘之寿二千岁。

——《海外西经》

白民国

地域

除了乘黄外，《海内北经》中还记载着另一种神兽，名为吉量，同样是祥瑞的象征，人只要骑过它就能寿达千岁。

带有斑纹的马，全身呈白色，有红色鬃毛，眼睛像黄金一样闪闪发光。

原文：犬封国曰犬戎国，状如犬。……有文马，缟（gǎo）身朱鬣（liè），目若黄金，名曰吉量，乘之寿千岁。

——《海内北经》

形态

吉量

犬封国

地域

兆丰灵瑞

当康、文鳐鱼、狡

　　《东山经》中记载了一种极具神话色彩的瑞兽，名为当康。尽管外貌平平，形似野猪，甚至有些粗犷野性，但在古人眼中它是掌管丰收的神兽。它的出现，是上天垂恩的显兆，象征着一方土地风调雨顺、五谷丰登的太平盛景。

　　除了当康，具备预示丰收的神兽还有《西山经》泰器山观水中的文鳐鱼和玉山上的狡。只要这类瑞兽出现，就预示着天下年丰时稔。

　　原文：又东南二百里，曰钦山，多金玉而无石。……有兽焉，其状如豚而有牙，其名曰当康，其鸣自叫，见则天下大穰。

——《东山经》

地域　钦山

形态

当康

其状如猪，有獠牙。

● 丰收之神

传说中，蓐收是寓意丰收的"时令神"，司掌秋日，掌管农事收割与季节更迭，护佑秋收丰饶。

形态：状如鲤鱼，有一对鸟的翅膀。

文鳐鱼

狡

形态：状如狗，身上有豹纹，长着牛角一样的角。

御火之神

祝融

　　火神祝融，上古神祇之一，位列五方位的南方位，是五行体系中"南方属火"的化身与象征。主炎阳之势，司夏季之节，故又有"夏神"之称。

　　祝融的御火之力，并非只存在于神话传说之中，也融入百姓生活的烟火之间。在民间传说中，祝融被尊称为"灶神"或"灶君"，是守护一方灶火的神灵。

　　原文：南方祝融，兽身人面，乘两龙。

　　　　　　　　　　　　　　　　　　　　　　　　——《海外南经》

祝融

兽身人面。

神状

除了祝融，在《山海经》中，还有诸多神兽具有御火的能力，它们形态各异，每一只都充满神话色彩，象征着火焰神秘的力量。例如赤鹫、鸥鸟、鷾鸟、朣疏、鳛鳛鱼、窃脂、駅駼和蚗兽等神兽，它们共同呈现出火这一元素在古代神话中的深厚文化寓意。

火神、南方神、夏神、灶神，为五行神之一。

神职

御火之灵

赤鷩、鸱鸟、鹎鸟、𦏲疏、鳎鳎鱼、窃脂、馲駼、
蚗兽

地域：符禺山。
形态：形状像翠鸟，赤喙。

地域：带山。
形态：状如马，一角。

地域：小华山。
形态：红色的锦鸡。

地域：翠山。
形态：似喜鹊，赤黑、
两首四足。

赤
鷩

鸱
鸟

鹎
鸟

𦏲
疏

原文：又西
八十里，曰小华之
山，其木多荆杞，
其兽多牲牛，其阴
多磬石，其阳多
㻬琈（tū fú）之
玉。鸟多赤鷩，可
以御火。

——《西山经》

原文：又西八
十里，曰符禺之山，
其阳多铜，其阴多
铁。……其鸟多鸱，
其状如翠而赤喙，
可以御火。

——《西山经》

原文：又西
二百里，曰翠山，
其上多棕楠，其下
多竹箭……其鸟
多鹎，其状如鹊，
赤黑而两首四足，
可以御火。

——《西山经》

原文：又北
二百里，曰带山，
其上多玉，其下
多青碧。有兽焉，
其状如马，一角
有错，其名曰𦏲
疏，可以辟火。

——《北山经》

地域：崐山。
形态：似猫头鹰，赤身白首。

地域：即公山。
形态：似龟，白身赤首。

地域：涿光山嚣水。
形态：状如喜鹊，有十翼。

地域：丑阳山。
形态：状如乌鸦，赤足。

鳎鳎鱼

窃脂

𪁳𪃦

蛫兽

原文：又北三百五十里，曰涿光之山。嚣水出焉，而西流注于河。其中多鳎鳎之鱼，其状如鹊而十翼，鳞皆在羽端，其音如鹊，可以御火，食之不痒。

——《北山经》

原文：又东一百五十里，曰崐山。……有鸟焉，状如鸮（xiāo）而赤身白首，其名曰窃脂，可以御火。

——《中山经》

又东二百里，曰丑阳之山，其上多椆、椐。有鸟焉，其状如乌而赤足，名曰𪁳𪃦，可以御火。

——《中山经》

又东南二百里，曰即公之山……有兽焉，其状如龟而白身赤首，名曰蛫，是可以御火。

——《中山经》

御疫之灵

青耕、鰢鱼

在《山海经》的奇禽异兽之中，记载着一种神鸟，名为青耕，专为驱瘟辟疫而降临人世，是神话传说中护佑苍生的重要灵禽。

古人认为瘟疫乃天地失衡，妖邪鬼祟潜入人间所致，非人力所能抵御，唯有天降神灵方可驱除灾厄，青耕便是承载这种神力的瑞兽之一。传说，每当人间瘟疫蔓延、邪祟扰世之时，青耕便会应天命而现，振翅而出，驱逐邪疫。

除了青耕，还有《东山经》枸状山汜水中的鰢鱼，也有"御疫"的技能。

青耕

董理山

地域

原文：又西北一百里，曰董理之山……有鸟焉，其状如鹊，青身白喙，白目白尾，名曰青耕，可以御疫，其鸣自叫。

——《中山经》

082

形态：嘴巴像长针。
技能：人吃了它的肉，就不会
感染瘟疫。

箴鱼

原文：又南三百里，曰枸状之山，其
上多金玉，其下多青碧石。……汜水出焉，
而北流注于湖水。其中多箴鱼，其状如儵，
其喙如箴，食之无疫疾。

——《东山经》

形状与喜鹊相似，身体是
青色的，长着白色的嘴、
白色的眼睛和白色的尾巴。

形态

可以抵御瘟疫。

技能

御凶之兽

天狗、谨、鸹鵌、孟槐

地域：翼望山。
形态：其状如狸，一目三尾。

地域：谯明山。
形态：状如豪猪，有红色毛发。

地域：阴山。
形态：状如狸，白首。

地域：翼望山。
形态：状如乌鸦，三首六尾。

天狗　　谨　　鸹鵌　　孟槐

原文：又西三百里，曰阴山。浊浴之水出焉，而南流注于蕃泽，其中多文贝。有兽焉，其状如狸而白首，名曰天狗，其音如榴榴，可以御凶。
——《西山经》

原文：西水行百里，至于翼望之山，无草木，多金、玉。有兽焉，其状如狸，一目而三尾，名曰谨，其音如夺百声，是可以御凶，服之已瘅。
——《西山经》

原文：西水行百里，至于翼望之山……有鸟焉，其状如乌，三首六尾而善笑，名曰鸹鵌，服之使人不厌，又可以御凶。
——《西山经》

原文：又北四百里，曰谯明之山。……有兽焉，其状如貆（huán）而赤豪，其音如榴榴，名曰孟槐，可以御凶。
——《北山经》

御梦之灵

冉遗鱼、蠪蚳、鸰鵌

地域：昆吾山。
形态：状如猪，有角。

地域：英鞮山涴水。
形态：鱼身、蛇首、六足。

地域：蓷谷。
形态：状如山鸡而长尾，为赤色，青喙。

冉遗鱼

蠪蚳

鸰鵌

原文：又西三百五十里，曰英鞮之山……涴水出焉，而北流注于陵羊之泽。是多冉遗之鱼，鱼身、蛇首、六足，其目如马耳，食之使人不眯，可以御凶。

——《西山经》

原文：又西二百里，曰昆吾之山，其上多赤铜。有兽焉，其状如彘而有角，其音如号，名曰蠪蚳，食之不眯。

——《中山经》

原文：又西十里，曰厖山……其西有谷焉，名曰蓷谷……其中有鸟焉，状如山鸡而长尾，赤如丹火而青喙，名曰鸰鵌，其鸣自呼，服之不眯。

——《中山经》

灾怪图鉴

在中国传统神话与志怪传说中，灾兽是一类令人畏惧的存在，它们往往象征着天灾人祸或大自然中不可控的力量。

兆兵之怪
朱厌、兔徯、大鹗、蛮鱼、狙（shì）狼、狙如、梁渠、天犬

食人之凶
狍鸮、蠪侄、猲狙（gé jū）、蚑（qí）雀、合窳、马腹、犀渠、穷奇、蛊雕、罗罗、土蝼、傲㸸（áo yā）、窫窳（yà）、诸怀、

兆旱之属
鲭鱼（róng）、蜇（zǐ）鼠、獙（bì）獙、薄鱼、鳛鱼、鸣蛇、颙（yú）鸟、鵕（jūn）鸟、鸰鸟、肥遗、大蛇、儵鳙（tiáo

凶恶之神
女魃（bá）、刑天、相柳、蚩尤

御兵之怪
驳（bó）、寓鸟、飞鱼、鯑（lí）鱼

御水之神
共工

兆水之异
长右、蛮蛮、胜遇、蠃鱼、蛉蛉、合窳、化蛇、夫诸

兆疫之异
蛊、絜钩、跂踵、狱

恐慌之怪
雍和、酸与、朱獳（rú）

徭役之怪
狸力、鴸（zhū）鸟、猾怀、䴕鹕（lí hú）

凶恶之神

女魃、刑天、相柳、蚩尤

女魃

    亦称女妭，为黄帝之女，是中国古代神话中的旱神。

● **神话传说**

    昔日，黄帝与蚩尤战于涿鹿之野，这是一场旷日持久的上古之战。黄帝令应龙蓄水，蚩尤请来风伯、雨师，起风纵雨，以水攻水。最终，黄帝命天女女魃止雨，诛杀了蚩尤，女魃成为扭转战局的关键人物。

    大战结束之后，女魃因驭火神力大伤，无法回到上界。所到之处，大地龟裂，民不可居，变成了人间的浩劫，被逐于赤水之北。所见之国大旱，赤地千里。

女魃

| 旱神 |
| 神职 |

| 着青色衣服。 |
| 神状 |

    原文：有人衣青衣，名曰黄帝女魃。蚩尤作兵伐黄帝，黄帝乃令应龙攻之冀州之野。应龙蓄水，蚩尤请风伯、雨师，纵大风雨。黄帝乃下天女曰魃，雨止，遂杀蚩尤。魃不得复上，所居不雨。

——《大荒北经》

在上古神话中，除了女魃，有名的凶恶之神还有刑天、相柳和蚩尤。

刑天

为战神，以双乳为双目，以肚脐为嘴巴，这一奇异形象出自《海外西经》。在远古神话中，刑天与黄帝争神位，遭黄帝断首后，以双乳为目、肚脐为口，持干戚而舞继续鏖战。其形虽狰狞可怖，却彰显了至死不屈的抗争精神，然亦因此化身为天地间象征暴戾、好斗的怒神。

相柳

为凶神，长着九颗脑袋，人面蛇身，周身青色，源自《海外北经》。它是共工的臣子，所到之处皆成泽国，给人间带来巨大灾难。大禹治水时，与相柳展开激烈战斗，历经艰辛才将其制服。

蚩尤

传说中，蚩尤身为兵主，耳鬓如剑戟森立，头顶生坚角峥嵘，乃九黎部落之雄主，禀赋拔山扛鼎之武力。涿鹿之战时，与黄帝列阵相抗，天地为之色变，战阵之内血雨腥风。虽其骁勇冠绝，然终因逆天犯顺，为天道所不容，兵败身陨。自此成为战争的象征，祸乱的化身。

兆旱之属

鲐鱼、颙鸟、𪄻鸟、鸱鸟、肥遗、大蛇、儵蠵、
蜚鼠、猨猴、薄鱼、鳛鱼、鸣蛇

原文：又东五百里，曰鸡山……黑水出焉，而南流注于海。其中有鲐鱼，其状如鲋而彘毛，其音如豚，见则天下大旱。

——《南山经》

原文：又西北四百二十里，曰钟山。其子曰鼓……鼓亦化为𪄻鸟，其状如鸱，赤足而直喙，黄文而白首，其音如鹄，见则其邑大旱。

——《西山经》

原文：又北百八十里，曰浑夕之山，无草木，多铜玉。嚻水出焉，而西北流注于海。有蛇一首两身，名曰肥遗，见则其国大旱。

——《北山经》

地域：鸡山黑水。
形态：状如鲫鱼，身上有猪毛一样的毛。

地域：钟山。
形态：状如鹞鹰，赤足直喙，白首黄斑。

地域：浑夕山。
形态：一种蛇，一首两身。

鲐鱼

𪄻鸟

肥遗

颙鸟

鸱鸟

大蛇

地域：令丘山。
形态：状如枭，人面四目而有耳。

地域：崦（yān）嵫山。
形态：状如鸱而人面，蜼身犬尾。

地域：錞（chún）于毋逢山。
形态：一种蛇，赤首白身。

原文：又东四百里，曰令丘之山……有鸟焉，其状如枭，人面四目而有耳，其名曰颙，其鸣自号也，见则天下大旱。

——《南山经》

原文：西南三百六十里，曰崦嵫之山……有鸟焉，其状如鸱而人面，蜼身犬尾，其名自号也，见则其邑大旱。

——《西山经》

原文：又北五百里，曰錞于毋逢之山……浴水出焉。是有大蛇，赤首白身，其音如牛，见则其邑大旱。

——《北山经》

原文：又南三百里，曰独山……末涂之水出焉，而东南流注于沔，其中多儵蠕，其状如黄蛇，鱼翼，出入有光，见则其邑大旱。

——《东山经》

原文：又南三百里，曰姑逢之山……有兽焉，其状如狐而有翼，其音如鸿雁，其名曰獙獙，见则天下大旱。

——《东山经》

原文：又东南二百里，曰子桐之山。子桐之水出焉，而西流注于余如之泽。其中多鲭鱼，其状如鱼而鸟翼，出入有光，其音如鸳鸯，见则天下大旱。

——《东山经》

地域：独山末涂水。
形态：似黄蛇，有鱼鳍。

地域：姑逢山。
形态：状如狐狸，有翅膀。

地域：子桐山子桐水。
形态：鱼形，长着禽鸟的翅膀。

儵蠕

獙獙

鲭鱼

蜚鼠

薄鱼

鸣蛇

地域：枸状山。
形态：体形似鸡，有鼠尾。

地域：女烝山石膏水。
形态：状似鳝鱼，有一只眼睛。

地域：鲜山鲜水。
形态：状似蛇，有四只翅膀。

原文：又南三百里，曰枸状之山……有鸟焉，其状如鸡而鼠毛，其名曰蜚鼠，见则其邑大旱。

——《东山经》

原文：又东南三百里，曰女烝之山……石膏水出焉，而西注于鬲水，其中多薄鱼，其状如鳝鱼而一目，其音如欧，见则天下大旱。

——《东山经》

原文：又西三百里，曰鲜山……鲜水出焉，而北流注于伊水。其中多鸣蛇，其状如蛇而四翼，其音如磬，见则其邑大旱。

——《中山经》

食人之凶

穷奇、蛊雕、罗罗、土蝼、徼侗、窫窳、诸怀、
狙鸼、蠪侄、猲狙、虢雀、合窳、马腹、犀渠

穷奇

　　《山海经》中有两处描写穷奇。《西山经》中记载：邽山上有一种野兽，
形状像牛，身上的毛如刺猬身上的刺一般，它的名字叫穷奇，发出的声音如同
狗吠声，能吃人。另一处出现在《海内北经》，其中描述穷奇的形状与虎相似，
长有翅膀，吃人时先吃头。

　　这两处记载的穷奇的样貌有所不同，但性情凶狠、喜欢吃人是一致的。

原文一：又西二百六十里，曰邽山，其上有兽焉，
其状如牛，猬毛，名曰穷奇，音如獆狗，是食人。

——《西山经》

原文二：穷奇状如虎，有翼，食人从首始。

——《海内北经》

穷奇和混沌、梼杌、饕餮并称远古"四大凶兽"，是天地间邪恶的异类之象，它们形态怪异，性格极端，各怀恶性。

混沌：其状如犬，通体长毛，看起来又像熊，但没有爪子。古人形容它"掩义隐贼"，意思是它擅长掩盖道义、隐藏罪行；又说它"好行凶慝（tè）"，即其心性邪恶，行事阴狠狡诈，崇恶弃善。

梼杌：其状如虎，身长大约两尺，长着人一样的脸，老虎一样的爪子。梼杌刚愎自用，生性暴烈，听不得逆耳之言，容不得半句规劝。是桀骜不驯、顽固不化的化身。

饕餮：其状如牛，长着人一样的脸，眼睛长在腋下。它最突出的特征是无止境的贪食，象征着贪婪、不知节制的欲望。

穷奇

形态　一说状如牛，毛如刺猬；一说状如虎，有翼。

地域　邽山

蛊雕

地域：鹿吴山泽更水。
形态：状似雕，头上有角。

原文：又东五百里，曰鹿吴之山……泽更之水出焉，而南流注于滂水。水有兽焉，名曰蛊雕，其状如雕而有角，其音如婴儿之音，是食人。

——《南山经》

罗罗

地域：莱山。
形态：类似秃鹫。

原文：又西三百五十里，曰莱山，其木多檀、楮，其鸟多罗罗，是食人。

——《西山经》

土蝼

地域：昆仑丘。
形态：状似羊，有四只角。

原文：西南四百里，曰昆仑之丘，是实惟帝之下都，神陆吾司之。……有兽焉，其状如羊而四角，名曰土蝼，是食人。

——《西山经》

徽狍

地域：三危山。
形态：状如牛，白身四角。

原文：又西二百二十里，曰三危之山……其上有兽焉，其状如牛，白身四角，其豪如披蓑，其名曰徽狍，是食人。

——《西山经》

窫窳

地域：少咸山。
形态：状如牛而赤身，人面、马足。

原文：又北二百里，曰少咸之山……有兽焉，其状如牛而赤身、人面、马足，名曰窫窳，其音如婴儿，是食人。

——《北山经》

诸怀

地域：北岳山。
形态：状似牛而四角，人目、猪耳。

原文：又北二百里，曰北岳之山，多枳、棘、刚木。有兽焉，其状如牛而四角、人目、彘耳，其名曰诸怀，其音如鸣雁，是食人。

——《北山经》

狍鸮

地域：钩吾山。
形态：羊身人面，目在腋下，虎齿人爪。

原文：又北三百五十里，曰钩吾之山……有兽焉，其状如羊身人面，其目在腋下，虎齿人爪，其音如婴儿，名曰狍鸮，是食人。

——《北山经》

蠱雕

地域：凫丽山。
形态：状如狐，九尾九首，
虎爪。

原文：又南五百里，曰
凫丽之山……有兽焉，其状如
狐而九尾、九首、虎爪，名曰
蠱雕，其音如婴儿，是食人。

——《东山经》

猲狙

地域：北号山。
形态：状如狼，赤首鼠目。

原文：又东次四经之首，
曰北号之山，临于北海。……
有兽焉，其状如狼，赤首鼠目，
其音如豚，名曰猲狙，是食人。

——《东山经》

蚯雀

地域：北号山。
形态：状如鸡，白首，
鼠足虎爪。

原文：又东次四经之首，
曰北号之山，临于北海。……
有鸟焉，其状如鸡而白首，鼠
足而虎爪，其名曰蚯雀，亦食人。

——《东山经》

合窳

地域：剡山。
形态：状如猪而人面，黄身赤尾。

原文：又东北二百里，曰剡
山……有兽焉，其状如彘而人面，
黄身而赤尾，其名曰合窳，其音如
婴儿，是兽也，食人，亦食虫蛇，
见则天下大水。

——《东山经》

马腹

地域：蔓渠山。
形态：人面虎身。

原文：又西二百
里，曰蔓渠之山……
有兽焉，其名曰马腹，
其状如人面虎身，其
音如婴儿，是食人。

——《中山经》

犀渠

地域：厘山。
形态：状如牛，青色身体。

原文：又西一百二十
里，曰厘山，其阳多玉，
其阴多蒐（sōu）。有兽焉，其
状如牛，苍身，其音如婴儿，
是食人，其名曰犀渠。

——《中山经》

095

兆兵之怪

朱厌、禼徯、大鹗、鳋鱼、狍狼、狙如、梁渠、天犬

朱厌

《山海经》记载中，有一种预示兵灾的"兆兵之怪"，其现世往往伴随着战祸骤起、山河震荡的征兆。以小次山的朱厌为例，其形类猿，白首赤足，被古人视为乱世之妖——每当它现身于世间，便被视作天下大乱的开端，令苍生惊惶不已，堪称灾祸与不祥的代名词。

除"兆兵之怪"外，另有一类与兵戈相关的"御兵之怪"，虽能抵御兵器之伤，却非太平之兆，仍与动荡兵乱紧密相连，典型如狡、寓鸟、飞鱼、鲭鱼等。

形态

小次山

地域

朱厌

其状如猿，白首赤足。

● 影视剧演绎

　　近年来，朱厌的形象不再局限于古籍的记载，渐渐融入当下流行的文学和影视作品中。尤其在仙侠题材中，得到了极具想象力的演绎。作为上古异兽之一，朱厌本就带有强烈的神话色彩，其"见则大兵"的特性，使其成为混乱与灾厄的象征。在仙侠世界观中，这样的设定极易与四海八荒的动荡相结合，从而推动剧情的发展。

原文：又西四百里，曰小次之山，其上多白玉，其下多赤铜。有兽焉，其状如猿而白首赤足，名曰朱厌，见则大兵。

——《西山经》

技能

现世则天下大乱。

凫徯

地域：鹿台山。
形态：状如雄鸡，
人面。

原文：又西二百里，曰鹿
台之山……有鸟焉，其状如雄鸡
而人面，名曰凫徯，其鸣自叫也，
见则有兵。

——《西山经》

大鹗

地域：钟山。
形态：状似雕，黑
纹白首，赤喙虎爪。

原文：又西北四百二十里，
曰钟山。……钦化为大鹗，其状
如雕而黑文白首，赤喙而虎爪，
其音如晨鹄，见则有大兵。

——《西山经》

鳋鱼

地域：鸟鼠同穴山
渭水。
形态：状如鳠鱼。

原文：又西二百二十里，
曰鸟鼠同穴之山……渭水出焉，
而东流注于河，其中多鳋鱼，其
状如鳣鱼（即鳇鱼）动则其邑有
大兵。

——《西山经》

独狼

地域：蛇山。
形态：状如狐，白
尾长耳。

原文：又东四百里，曰蛇
山……有兽焉，其状如狐而白尾
长耳，名独狼，见则国内有兵。

——《中山经》

狙如

地域：倚帝山。
形态：状如猚（fèi）
鼠，白耳白喙。

原文：又东三十里，曰倚帝
之山。……有兽焉，其状如猚鼠，
白耳白喙，名曰狙如，见则其国
有大兵。

——《中山经》

梁渠

地域：历石山。
形态：状似山猫，白首虎爪。

原文：又东北七十里，曰
历石之山……有兽焉，其状如狸
而白首虎爪，名曰梁渠，见则其
国有大兵。

——《中山经》

天犬

地域：金门山。
形态：赤色的狗。

原文：有金门之山，有人名曰黄姬之尸。有比翼之鸟。有白鸟，青翼、黄尾、玄喙。有赤犬，名曰天犬，其所下者有兵。

——《大荒西经》

御兵之怪

驳、寓鸟、飞鱼、鮨鱼

驳

地域：中曲山。
形态：状如马，白身黑尾。

原文：又西三百里，曰中曲之山……有兽焉，其状如马而白身黑尾，一角，虎牙爪，音如鼓音，其名曰驳，是食虎豹，可以御兵。

——《西山经》

寓鸟

地域：虢（guó）山。
形态：状如鼠，长着鸟的翅膀。

原文：又北三百八十里，曰虢山……其兽多橐驼，其鸟多寓，状如鼠而鸟翼，其音如羊，可以御兵。

——《北山经》

飞鱼

地域：騩山正回水。
形态：状如猪，有红色斑纹。

原文：又东十里，曰騩山……正回之水出焉，而北流注于河。其中多飞鱼，其状如豚而赤文，服之不畏雷，可以御兵。

——《中山经》

鮨鱼

地域：少室山休水。
形态：状如猕猴，白足。

原文：又东五十里，曰少室之山……休水出焉，而北流注于洛，其中多鮨鱼，状如盩（zhōu）蜼（wèi）而长距，足白而对，食者无蛊疾，可以御兵。

——《中山经》

御水之神

共工

　　共工是上古神话中司管水域与洪涛的神祇，他人面蛇身，长着一头红发，威仪凛然，掌控着四海八荒的水势，代表着不可驯服的洪水之力。

● **神话传说**

　　共工不仅是水患的化身，也是治水文明的先驱。在神话传说中，他尝试以山川导流，以图平息洪涝。然而，天命未顺，与颛顼争夺天帝之位失败后，愤怒地撞向不周山，致使天柱折断、地维崩裂，导致天倾西北、地陷东南、洪水滔天、涂炭苍生。因此，共工也成为中国神话中极具争议的神祇之一。

人面朱髮，蛇身，人手足。

神状

100

《山海经》中，除了共工这位水神，还记载了众多神兽也具有掌控水的能力。它们或栖于奇峰异岭，或潜于深渊幽潭，形态各异，神力非凡，是天地间水性灵力的化身。这些神兽不仅承载着自然力量的神话想象，也是古代先民对江河湖海、洪水等水象现象的一种畏惧。

原文：炎帝之妻、赤水之子听生炎居，炎居生节并，节并生戏器，戏器生祝融。祝融降处于江水，生共工。共工生术器，术器首方颠，是复土壤，以处江水。共工生后土，后土生噎鸣，噎鸣生岁十有二。

——《海内经》

共工

洪水之神。

神职

兆水之异

长右、蛮蛮、胜遇、蠃鱼、軨軨、合窳、化蛇、夫诸

长右

地域：长右山。
形态：状如猕猴，有四耳。

原文：东南四百五十里，曰长右之山，无草木，多水。有兽焉，其状如禺而四耳，其名长右，其音如吟，见则郡县大水。

——《南山经》

蛮蛮

地域：崇吾山。
形态：状如野鸭，一翼一目。

原文：西次三经之首，曰崇吾之山，在河之南，北望冢遂，南望䍃之泽，西望帝之搏兽之丘，东望䗡渊……有鸟焉，其状如凫而一翼一目，相得乃飞，名曰蛮蛮，见则天下大水。

——《西山经》

胜遇

地域：玉山。
形态：状如长尾野鸡，为赤色。

原文：又西三百五十里，曰玉山，是西王母所居也……有鸟焉，其状如翟而赤，名曰胜遇，是食鱼，其音如录，见则其国大水。

——《西山经》

蠃鱼

地域：邽山濛水。
形态：鱼身，鸟翼。

原文：又西二百六十里，曰邽山……濛水出焉，南流注于洋水，其中多黄贝、蠃鱼，鱼身而鸟翼，音如鸳鸯，见则其邑大水。

——《西山经》

轮轮

地域：空桑山。
形态：状如牛，有虎纹。

原文：东次二经之首，曰空桑之山……有兽焉，其状如牛而虎文，其音如钦，其名曰轮轮，其鸣自叫，见则天下大水。

——《东山经》

合窳

地域：剡山。
形态：人面猪身。

原文：又东北二百里，曰剡山，多金玉。有兽焉，其状如彘而人面，黄身而赤尾，其名曰合窳，其音如婴儿，是兽也，食人，亦食虫蛇，见则天下大水。

——《东山经》

化蛇

地域：阳山。
形态：人面而豺身，鸟翼。

原文：又西三百里，曰阳山，多石，无草木。阳水出焉，而北流注于伊水。其中多化蛇，其状如人面而豺身，鸟翼而蛇行，其音如叱呼，见则其邑大水。

——《中山经》

夫诸

地域：敖岸山。
形态：状如白鹿而四角。

原文：中次三经萯（bèi）山之首，曰敖岸之山，其阳多㻬琈之玉，其阴多赭、黄金。神熏池居之……有兽焉，其状如白鹿而四角，名曰夫诸，见则其邑大水。

——《中山经》

兆疫之异

蜚、絜钩、跂踵、猴

蜚

蜚是上古时期的灾难之神，专司瘟疫与衰败。它一旦现世，天下会发生大的瘟疫，百姓疾患丛生，哀鸿遍野，生灵涂炭。

据《东山经》记载，蜚若踏水而行，河水会即刻干涸；若穿行草木之间，百草立时枯萎，寸绿不生。

原文：又东二百里，曰太山。……有兽焉，其状如牛而白首，一目而蛇尾，其名曰蜚，行水则竭，行草则死，见则天下大疫。

——《东山经》

太山

地域

状似牛，脑袋是白色的，长着一只眼睛，有蛇一样的尾巴。

蜚

形态

104

在《山海经》中，除蜚之外，还有如下三种"见则有大疫"的灾异之类，它们虽形貌各异，却都被视为瘟疫与灾厄的象征。

絜钩

栖息于硈（yín）山，是一种诡异的鸟，状如野鸭，长着老鼠一样的尾巴。一旦絜钩现身，便是疫瘴将起之兆，百姓染疾，病气弥漫。

跂踵

栖息于复州山，形状与猫头鹰相似，面貌凶恶，只有一足，长着猪一样的尾巴。跂踵所至之地，必有疫病蔓延。

猼

栖息于乐马山，也是上古疫兽之一。其形如刺猬，满身坚刺，通体赤红如丹火，仿佛由火焰凝聚而成。它一旦出没，也必有疫病横行。

恐慌之怪

雍和、酸与、朱獳

雍和

    雍和是《中山经》中记载的一种妖异之兽，栖息于丰山之中。此兽形似猿猴，通体的毛发是黄色的，双目赤红如火，口似涂朱，凶光毕露。古人视其为不祥之兆，称其为祸乱之象。传说，雍和一旦离山而行，所至之国必有惊变，或天灾降临，或鬼魅横行，抑或朝纲不振，礼乐崩塌……

丰山

地域

雍和

除了雍和，《山海经》中还有两种可以造成恐慌的灾兽。这类异兽的出现，往往预示着天地不宁，山河异动，即将发生令百姓惊惶不安的异事。

酸与

一种栖息于景山中的蛇形禽鸟，样貌诡异，是鸟与蛇的混合体，长有四只翅膀，六只眼睛，三只脚。酸与所至之地，会有令人惊恐的事情发生。

朱獳

栖息于耿山中的异兽，形状与狐狸相似，身上有鱼一样的鳍。朱獳所导致的恐慌程度远胜酸与，非一城一地沦陷，而是举国上下都会陷入恐慌之中。

状如猿，赤目、赤喙、黄身。

形态

原文：又东南三百里，曰丰山。有兽焉，其状如猿，赤目、赤喙、黄身，名曰雍和，见则国有大恐。

——《中山经》

徭役之怪

狸力、鴸鸟、猾怀、鵹鹕

狸力

　　《南次二经》中的第一座山，名为柜山。山中有一种异兽，名为狸力。凡此兽所至之地，会致使当地大兴土木，百姓不得安宁，日夜劳作不息。或是因为治江疏河，人们需开渠导流，筑堤引水；又或因为王命天意，人们需修筑高台，建造神庙和宫殿。

鸠鸟

　　柜山中还有一种鸟，形状像鹞鹰，长着人一样的手，名为鸠。凡此鸟出现的地方，必定会有许多人遭遇流放。柜山中的这两种异兽仿佛是天地间某种神秘力量的象征，承载着天命的审判。

狸力

《山海经》中像柜山异兽狸力一样，一现世便使一方百姓陷于浩大劳役之中，肩负繁重劳作的，还有猾怀和鹘䳑。

猾怀

居于尧光山幽深的洞穴中，长得像人，身上有猪一样的鬃毛。它出现在哪个县，便预兆哪个县将会有大的劳役。郭璞在《山海经图赞》中对猾怀也有描述：此兽一出必兴徭役，然而它并非肆意为祸之妖，而是"应政而出"，意思是说猾怀为天命所驱，而施役于民。

鹘䳑

栖息于卢其山，其状如鸳鸯，长着人一样的脚。与柜山的狸力、尧光山的猾怀相比，鹘䳑所引发的劳役更重。狸力、猾怀现世，不过使一县兴役，而鹘䳑一出，徭役之风便会席卷整个国域。

这几种异兽不同于以杀伐闻名的凶兽，也不同于庇佑一方的神兽，似是天地间某种"劳役之罚"的执行者，也是古人对劳役制度的一种畏惧之情。

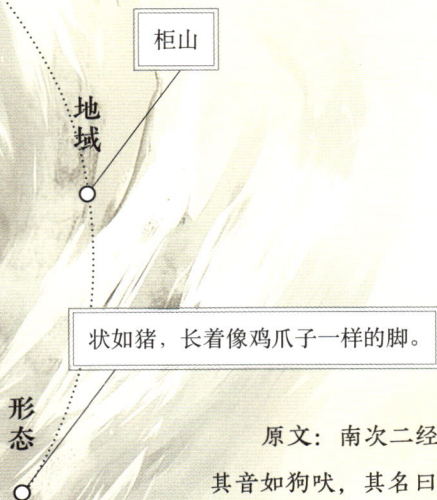

柜山

地域

状如猪，长着像鸡爪子一样的脚。

形态

原文：南次二经之首，曰柜山……有兽焉，其状如豚，有距，其音如狗吠，其名曰狸力，见则其县多土功。有鸟焉，其状如鸱而人手，其音如痹，其名曰鹠，其鸣自号也，见则其县多放士。

——《南山经》

　　神兽者，承天地灵韵，衍阴阳之变，或栖于山川，或潜于沧海。

　　此诸神兽，或为祥瑞守护一方，或为凶煞降祸人间。然无论凶善，皆为天地秩序之一环，与四时共转，映照天地万象。

第四章

草木有道

异草图鉴

　　《山海经》记载了大量上古时期的神话传说、奇异妖兽以及神秘植物。其中异草常常被描述为具有神奇药力和治愈能力的植物，与天地之气紧密相连，能吸收天地精华，具有特殊的疗愈效果。然而，天地万象有生亦有克，正如仙草可济世疗疾，亦有毒草暗藏剧毒，伤神夺命，不可小觑。

祝余
使人不饥者

杜衡、高粱草
可以走马者

薲荔
可治心痛者

鬼草
可以忘忧者

灵草不仅是药材的象征，还与人类的生死、长生等哲学命题紧密相连，寄托了古人对自然、生命的深刻思考，也为《山海经》中的神话故事增添了丰富的层次和奇幻的色彩。

荣草、牛伤、茵（gōng）草、黄蓶、薰草、�807（tuó）草、植楮、天婴、

可治病者

猿（láng）草

使人不夭者

无条、桂竹、芒草、茇（bá）木、莽草

可为毒者

焉酸

可御毒者

荀草、蕇草

可练色易颜者

嘉荣

使人不畏雷霆者

使人不饥者

祝余

祝余生长于西海之上鹊山之首的招摇山上，具有"食之不饥"的神奇功效。清代长篇小说《镜花缘》中也有提到祝余，意思是此草长得像韭菜，叶片青绿细长，里面有鲜嫩的茎，开着几朵青色的小花，可以用来充饥。

原文：南山经之首，曰鹊山。其首曰招摇之山，临于西海之上，多桂，多金玉。有草焉，其状如韭而青华，其名曰祝余，食之不饥。

——《南山经》

形态：形状像韭菜，开青色的花。
技能：吃了它，便不会感到饥饿了。

祝余

《山海经》中有"食之不饥"技能的，还有马成山上的鸜鹍（qū jū）鸟和仑者山上白蓉的汁液。

原文：又东北二百里，曰马成之山。……有鸟焉，其状如乌，首白而身青、足黄，是名曰鸜鹍，其鸣自叫，食之不饥，可以已寓。

——《北山经》

形态：状似乌鸦，白首、身青、足黄。
技能：人们吃了它的肉，就不会再感到饥饿。

鸜鹍

白蓉

形态：像构树，树干有血红色的纹理。
技能：吃了它便不会感到饥饿，还可以解除疲劳。

原文：又东三百七十里，曰仑者之山。……有木焉，其状如穀而赤理，其汁如漆，其味如饴，食者不饥，可以释劳，其名曰白蓉，可以血玉。

——《南山经》

白蓉的另一种技能是"可以释劳"，有这种疗愈功能的灵植，还有《西山经》中昆仑丘上"食之已劳"的蓂（pín）草和不周山上"食之不劳"的嘉果。

可以走马者

杜衡、高梁草

《山海经》中有一种仙草对马的奔行能力具有奇效，它便是生长在天帝山的杜衡。郭璞在注解《山海经》时也提到杜衡："马得之而健走。"

除了杜衡，还有高梁山上的仙草高梁草，马吃了它，也可以如风疾驰，跑得飞快。

形态：形状像葵，散发出的气味与靡芜相似。
技能：马吃了它，可以跑得飞快；还可治疗脖子上长瘤子的病。

杜衡

原文：又西三百五十里，曰天帝之山。……有草焉，其状如葵，其臭如靡芜，名曰杜衡，可以走马，食之已瘿（yǐng）。

——《西山经》

高梁草

形态：形状与葵相似，开红色的花，结荚果，长着白色的花萼。
技能：可使马儿跑得快。

原文：又东三百里，曰高梁之山。……有草焉，状如葵而赤华、荚实、白柎，可以走马。

——《中山经》

116

"马食之，可日行千里"的草，除了《山海经》中的杜衡、高粱草，还有《拾遗记》中的龙刍草。

《拾遗记》记载，东海岛的龙驹川是穆天子养八骏的地方。岛中有一种草名叫龙刍，马吃了它，可以日行千里。因此，有"一株龙刍，化为龙驹"的说法。

明代李时珍的《本草纲目·草之四·石龙刍》中也对龙刍有所描述："刍草包束曰刍，此草生水石之处，可以刍束养马，故谓之龙刍。"此处虽没有强调龙刍草可使马日行千里的特性，但说明了此草生长于水石之处，可作马料。

可治心痛者

萆荔

　　《西山经》中记载了一种仙草，凡因心痛情殇者，吃了它可解郁结之苦，心疾之痛。此草名为萆荔，生长在小华山上。

　　唐代诗人皮日休以萆荔的这种特性入诗："其坚也龙泉不能割，其痛也萆荔不能瘳。"形容某物之坚不可摧，即使是龙泉宝剑也难以斩断；某种痛苦之深重，连能疗心痛的神草萆荔也无法使其痊愈。

　　原文：又西八十里，曰小华之山。……其草有萆荔，状如乌韭，而生于石上，亦缘木而生，食之已心痛。

　　　　　　　　　　　——《西山经》

形态：形状如乌韭一般，生长在石头上或者攀缘树木生长。
技能：能治疗心痛。

萆荔

除了萆荔，《中山经》中还记载了一座山，名为高前山。山上有一处泉水名为帝台之浆，水冰凉而清澈，是帝台神饮用的水，喝了它就不会得心痛的病。

帝台为《山海经》中的神仙名，与之相关的还有前文所提到的帝台石。帝台之石可用来向百神祈祷，服之可免受毒热恶气的侵袭。

原文：又东南五十里，曰高前之山。其上有水焉，甚寒而清，帝台之浆也，饮之者不心痛。其上有金，其下有赭。

——《中山经》

119

可以忘忧者

鬼草

《中山经》中有一种仙草生长在牛首山上，名为鬼草。其名虽带"鬼"字，然非鬼物所化，亦非阴邪之物，而是天地灵气所孕，此草神奇之处在于其强大的忘忧之力。人若心有悲愁，吃了它便可将心头的痛楚与烦恼一并消散。

《山海经》中具有"解忧"功能的除了鬼草，还有带山上的儵鱼和霍山上的胐胐。

形态：叶子与葵叶相似，茎是红色的，像粟一样抽穗开花。
技能：吃了它，可使人不再感到忧愁。

鬼草

原文：又北三十里，曰牛首之山。有草焉，名曰鬼草，其叶如葵而赤茎，其秀如禾，服之不忧。

——《中山经》

形态：形状像鸡，羽毛呈红色，有三条尾巴、六只脚、四个脑袋。

技能：人食之，可以不再忧愁。

原文：又北二百里，曰带山。……彭水出焉，而西流注于芘湖之水，其中多儵鱼，其状如鸡而赤毛，三尾、六足、四首，其音如鹊，食之可以已忧。

——《北山经》

儵鱼

胐胐

原文：又北四十里，曰霍山，其木多榖。有兽焉，其状如狸而白尾有鬣，名曰胐胐，养之可以已忧。

——《中山经》

形态：形状似山猫，长着白色的尾巴，颈部长有长毛。

技能：养在身边，可以治疗忧愁。

除了《山海经》之外，古人对"忘忧草"的记载，在《本草纲目》中亦可寻得踪迹，此草名为萱草。

《诗经》有言："焉得谖草，言树之背。"说的就是有人因忧思且不能自遣，便种萱草欣赏用以忘掉忧愁。李时珍亦言"谖"的本意就是忘掉的意思。南朝梁任昉的《述异记》中有载，萱草又叫忘忧草，古时吴地的人称萱草为疗愁花。

使人不畏雷霆者

嘉荣

上古时期，天地初开，那时的人类尚难以理解自然万象背后的运行之道。雷霆作为天地间极具震撼力的强大力量，常在风雨交加之际骤然降临，电光裂空，雷声震地，令人胆战心惊。古人不知雷霆本质，以为是神怒之兆、天谴之象，故而对雷火之威怀有本能的恐惧与敬畏。

而《中山经》中记载的半石山上却生有一株灵草，名为嘉荣，能使人无惧雷霆之威、可避雷火之害。嘉荣草的存在，或许是古人在面对天地威压时的一种寄托，也是天地间万物相生相克、刚柔并济的至理体现。世间万物皆由自然孕育而生，都遵循着一种平衡之道。

形态：刚长出来就吐穗开花，高一丈多，长着红色的叶子，开红色的花，不结果实。
技能：人吃了它便不会害怕雷霆之力。

原文：又东七十里，曰半石之山。其上有草焉，生而秀，其高丈余，赤叶赤华，华而不实，其名曰嘉荣，服之者不霆。

——《中山经》

嘉荣

具有"服之不畏雷霆之力"特性的，不仅有半石山上的仙草嘉荣，还有《西山经》中㺄次山上的神鸟橐𩇲和《中山经》中騩山正回水中的飞鱼。

形态：状如猫头鹰，人面一足，冬天活动夏天蛰伏。
技能：人吃了它的肉，可以不害怕雷击。

原文：又西七十里，曰㺄次之山。……有鸟焉，其状如枭，人面而一足，曰橐𩇲，冬见夏蛰，服之不畏雷。

——《西山经》

橐𩇲

飞鱼

形态：状如猪，身上长着红色的斑纹。
技能：食之，便不怕惊雷，还能抵御兵器的伤害。

原文：又东十里，曰騩山。……正回之水出焉，而北流注于河。其中多飞鱼，其状如豚而赤文，服之不畏雷，可以御兵。

——《中山经》

可练色易颜者

荀草、蓑草

晋代郭璞在《山海经图赞·中山经》中曾描写过一种神奇的仙草荀草。结着红色的果实，样子有些像菅草。女子服用了它，可以让肤色更加明亮，容光焕发。说明荀草在古人眼中，具有养颜驻容、润色美肌的神奇功效，仿佛专为女性所生的仙草。

清代袁枚的《随园诗话补遗》中，也出现了关于荀草的传说：方伯的九位妾室中，最受宠爱的是春芳与叶氏。她们虽然年近四十，容貌却依然娇艳动人，仿佛服食过仙草荀草一般。这段话不仅是对她们美貌的赞誉，也进一步印证了荀草具有"练色易颜"的功效。

形态：四方形的茎干，开黄花，结红色果实。
技能：食其果实，有护肤驻颜的功效。

荀草

原文：又东十里，曰青要之山……有草焉，其状如葸而方茎、黄华、赤实，其本如蒌本，名曰荀草，服之美人色。

——《中山经》

《山海经》中不仅有苟草这种驻颜养色的灵草，也记载了另一种对女子极为有益的仙草，名为䔄草。

　　关于䔄草，还有一段凄美的神话流传于世。《中山经》中是这样描述的，再往东二百里有座山，名为姑媱山。天帝的女儿女尸死于这座山上，死后化作了䔄草。

　　原文：又东二百里，曰姑媱之山。帝女死焉，其名曰女尸，化为䔄草，其叶胥成，其华黄，其实如菟丘，服之媚于人。

　　　　　　　　　——《中山经》

　　形态：叶子是相互重叠的，花朵为黄色，果实与菟丝子的果实相似。
　　技能：食其果实，可使人变得妖媚，讨人喜爱。

䔄草

125

可御毒者

焉酸

　　《中山经》中记载着一座神秘的高山，名曰鼓钟山。此山非凡尘之境，是天神帝台宴请百神的场所。山中生有一株灵草，名为焉酸，可以解毒。

　　《北山经》中的丹熏山有一种神兽，其解毒之力远胜焉酸，名为耳鼠，食之可使人百毒不侵，无论是蛇毒、虫毒还是瘴毒，皆可为之所解，堪称解毒圣体。

形态：茎为方形，开黄花，叶子有三重。
技能：可用来疗毒。

焉酸

原文：东三百里，曰鼓钟之山，帝台之所以觞百神也。有草焉，方茎而黄华，员叶而三成，其名曰焉酸，可以为毒。

——《中山经》

耳鼠

形态：状如鼠、兔首、麋身，凭其尾飞行。

技能：可以抵御百毒侵害，还可以治疗肚子胀大的病。

原文：又北二百里，曰丹熏之山。……有兽焉，其状如鼠，而菟首麋身，其音如獋犬，以其尾飞，名曰耳鼠，食之不睬（cǎi），又可以御百毒。

——《北山经》

● 影视剧演绎

那些出现在影视剧中的"救命"仙草。

天山雪莲

生长在天山之巅终年积雪处，形态似莲花，纯白如雪。在仙侠小说和影视剧中常被描绘为"万能解药"，可解体内剧毒、修复伤势、恢复灵力。

千年灵芝

灵芝是中医文化中的珍贵药材，在仙侠剧中被神化为仙草。千年灵芝更是蕴含浓厚的天地灵气，具有疗伤、解毒、延年益寿之效，甚至能够拯救垂死之人。

曼陀罗

曼陀罗花本是佛教中的花卉象征，在影视作品中多被赋予神秘色彩。其艳丽异常，多生长于险地或毒瘴之中，既可入药解毒，又可成为致命毒药。

人参果

人参果树，乃天地之灵根，被视为"长生不老"的象征。食用一颗人参果可以延长寿命数百年甚至千年。在影视剧中常通过其稀有性和强大的疗效，挽救人物性命，推动剧情发展。

可为毒者

无条、桂竹、芒草、茇木、莽草

　　《山海经》中不仅记载了可解百毒、疗疾治病的仙草灵药，也详细描述了大量具有毒性的奇异植物。这些有毒植物或能毒鼠、或能毒鱼，形态各异，蕴含着神秘而危险的自然力量。通过这些记载，可以窥见上古时期人与自然互动的图景，也能感受到早期中医药知识的萌芽与发展。

　　原文：西南三百八十里，曰皋涂之山……有草焉，其状如藁茇，其叶如葵而赤背，名曰无条，可以毒鼠。

　　　　　　　　　　——《西山经》

形态：状如藁茇，叶似葵叶，叶背呈现红色。
技能：可以用来毒杀老鼠。

无条

桂竹

形态：形状像甘竹，高四五丈，叶大节长。
技能：毒性很强，伤人必死。

原文：又东南五十里，曰云山，无草木。有桂竹，甚毒，伤人必死。其上多黄金，其下多瑶琈之玉。

——《中山经》

芒草、茇木、莽草

《山海经》中还有一类毒草和树木，可专门用来毒杀鱼类。《中山经》中记载，蕠山上生长着一种名为芒草的树木，形状似棠树，长着红色的叶子，能毒杀鱼类。柄山上则长有茇木，形状像臭椿树，叶子像梧桐叶，同样具有毒杀鱼类的功效。此外，朝歌山上的莽草也具备类似毒性。

芒草

莽草

茇木

使人不夭者

葰草

"永生"，自古便是修行之人所追求的至高境界。从帝王将相到世外方士，无不对"超脱生死"的境界心生向往。秦始皇东巡求仙，派徐福率童男童女入海寻觅蓬莱仙山和不死之药，成为古代中国"追求长生不老"文化的象征性事件。

《中山经》中记载了一种具有"服之不夭"的仙草，名为葰草。所谓"不夭"，即是不早亡，虽此草并无使人长生不死的奇效，但不因夭折而亡，已是古人对长寿和健康的一种追求。

> 形态：形状与蓍草相似，叶子上有毛，开青色的花，结白色的果实。
> 技能：服之不会夭折而亡，还可以治疗腹部疾病。

葰草

原文：又东三十里，曰大騩之山……有草焉，其状如蓍而毛，青华而白实，其名曰葰，服之不夭，可以为腹病。

——《中山经》

● 可"起死回生"的植物

除《山海经》中记载了使人不夭的仙草外，诸多传世古籍中也记载了能够起死回生的灵草妙药。

不死草

《博物志·卷二·异人》载，昔年，高阳氏有一对同胞儿女结为夫妇。于是高阳帝将他们放逐到荒野，后来两人相互搂抱而死。神鸟用不死草覆盖了他们。七年后这对男女活过来了，他们有着同一个颈项，上面长着两个头，还有四只手，这便是蒙双民的祖先。

《博物志·卷二·外国》载，昔年，大禹治水成功后，召集大家聚在会稽山召开诸侯大会。防风氏部族首领迟到了，禹下令杀了他。大禹德政昌隆，有两条神龙降临到他的朝廷上。在大禹外出巡游时，经过防风氏部族，部族中的两个臣子因首领被禹杀了，一见禹便愤怒地朝他射箭。这时突然狂风大作，雷雨交加，两条龙飞升而去。两臣子见状十分恐慌，便用刀刃刺穿自己的心胸而死。禹怜悯他们，把刀拔了出来，用不死草复活了他们。这便是穿胸民的祖先。

养神芝

《仙传拾遗·鬼谷先生》中记载有一种不死草，名为养神芝。此草生在祖州琼田中，叶子像菰苗，不丛生，用此草覆盖死者即可复活，一株可救上千人。

反魂树

《十洲记》中有记载，西海之中的聚窟洲，有"花叶香闻数百里"的反魂树。和枫树相类似，敲击其木有铜鼓呼啸声。煮其木根取汁，死者闻其香气可复活。

可治病者

黄蘿、薰草、箨草、植楮、天婴、荣草、牛伤、芮草

地域：竹山。
形态：开白花，结红色果实。
技能：可治疥疮、浮肿。

地域：甘枣山。
形态：茎干与葵的相似，杏叶，开黄花，结荚果。
技能：可治眼睛昏花。

地域：浮山。
形态：方茎，开红花，结黑果。
技能：佩戴在身，可治恶疮。

地域：脱扈山。
形态：叶如葵叶，开红花，结荚果。
技能：可治忧郁病，食之不会梦魇。

黄蘿

薰草

箨草

植楮

原文：又西五十二里，曰竹山……有草焉，其名曰黄蘿，其状如樗，其叶如麻，白华而赤实，其状如赭，浴之已疥，又可以已胕（fú）。

——《西山经》

原文：又西百二十里，曰浮山……有草焉，名曰薰草，麻叶而方茎，赤华而黑实，臭（xiù）如蘪芜，佩之可以已疠。

——《西山经》

原文：中山经薄山之首，曰甘枣之山。……其下有草焉，葵本而杏叶，黄华而荚实，名曰箨，可以已瞢。

——《中山经》

原文：又东七十里，曰脱扈之山。有草焉，其状如葵叶而赤华，荚实，实如棕荚，名曰植楮，可以已癙（shǔ），食之不眯。

——《中山经》

地域：少陉山。
形态：叶似葵叶，红茎，开白花，果实似野葡萄。
技能：食之使人变得聪明。

地域：金星山。
形态：形状与龙骨相似。
技能：可治疗痤疮。

地域：大菩（kǔ）山。
形态：叶似榆叶，方茎，长着青色的刺。
技能：服之不会昏厥。

地域：鼓镫山。
形态：叶似柳叶，茎似鸡卵。
技能：可治中风、痛风。

天婴　　　　荣草　　　　牛伤　　　　芮草

原文：又东二十里，曰金星之山，多天婴，其状如龙骨，可以已痤。

——《中山经》

原文：又东北四百里，曰鼓镫之山，多赤铜。有草焉，名曰荣草，其叶如柳，其本如鸡卵，食之已风。

——《中山经》

原文：又东五十七里，曰大菩之山……有草焉，其状叶如榆，方茎而苍伤，其名曰牛伤，其根苍文，服者不厥，可以御兵。

——《中山经》

原文：又东四十里，曰少陉之山。有草焉，名曰芮草，叶状如葵而赤茎白华，实如蘡（yīng）薁（yù），食之不愚。

——《中山经》

神木图鉴

远古时期，人们认为万物皆有灵性，承神意而生。是以，怀敬畏之心礼赞天地万象的神奇与玄妙。圣树崇拜则源于古人对自然的信仰，在原始社会植物崇拜中，树神是万物生生不息的象征。被视为连接天地、人类与神灵的媒介。树木的根深植于大地，枝叶则朝向天空，象征着天地之间的沟通。

扶桑
日出之所

若木
日落之所

建木
日中无影

寻木
日没之所

迷榖
佩之不迷者

沙棠
使人不溺者

《庄子·逍遥游》中有言："上古有大椿者，以八千岁为春，八千岁为秋。"如此蓬勃的生命力，令古人心生敬仰。因而将"树神"视为镇风水、保平安、化生万物的生命之神。在许多古老的仪式中，树木是祭祀的重要对象。在一些地方，仍保留着祭祀"神树"的传统。

《山海经》中记载了许多具有奇异功能的神木，这些神木不仅是大自然的奇迹，更是文化与神话的象征。每一棵神木的存在，不仅蕴藏着天地间的奥秘和神秘力量，更是古人对天地万象、自然法则的无尽想象和深刻探索。

其他奇树异木
三珠树、文玉树、不死树、栾木、丹木、檀木、北号木、帝休

枫木
蚩尤桎梏所化者

亢木
使人不蛊者

柟木
使人不妒者

蒙木
使人不惑者

崇吾木
宜子孙者

栎木
使人不忘者

扶桑

日出之所

东方有扶桑，传说太阳女神羲和，每日驾驭六龙之车，护送太阳从东方扶桑之处出发，使其按照固定的规律在天界运转。

原文：下有汤谷。汤谷上有扶桑，十日所浴，在黑齿北。居水中，有大木，九日居下枝，一日居上枝。

——《海外东经》

扶桑

形态：在汤谷中有一棵大树，九个太阳位于下面的树枝，剩下的一个太阳位于上面的树枝。
技能：东方神木，为十日所出之地。微光拂过树梢，照耀四方大地。

清晨，太阳从扶桑处升起

● 神话传说

《楚辞章句》中记载："尧时十日并出，草木焦枯，尧命羿射十日，中其九日，日中九乌皆死，堕其羽翼，故留其一日也。"讲述的便是后羿射日的故事。

上古时期，帝俊与羲和生十日（三足金乌），它们住在汤谷神树扶桑之上。每日，扶桑树都会有一个太阳升起，其他九个太阳则在树枝上休息，这种轮流交替的秩序使天地间万物繁荣。

然而某日它们一起升起，给人间带来了巨大的灾难，河流干涸，大地崩裂，民不聊生。于是，尧帝派后羿去射十日，后羿来到汤谷，站在扶桑树上，拉开神弓，射掉九个太阳，太阳里的九只金乌也随之死去，其羽翼纷纷坠落，最后只留下一个太阳照耀着大地。

若木

日落之所

西方有若木，傍晚太阳会栖息在处于极西之地的神木若木之上，此时红色的光芒笼罩着天空，如绚丽的云霞。

原文：大荒之中，有衡石山、九阴山、洞野之山，上有赤树，青叶赤华，名曰若木。（郭璞注："若木生昆仑西，附西极，其华光赤下照地。"）

——《大荒北经》

若木

形态：一种红色的树，它的叶子是青色的，花朵为红色的。
技能：长于西方之极，为十日所落之地。《淮南子·地形训》："若木在建木西，末有十日，其华照下地。"

傍晚，太阳在若木上休憩

● 文化解读

《山海经》中对若木的记载比较少，若木是与扶桑相对应的神树。扶桑树在东，是太阳升起的地方，而若木在西，是太阳降落栖息之所。

《海内经》中还有一段关于若木神树的描写："南海之外，黑水青水之间，有木名曰若木，若水出焉。"说的是在南海之外，黑水和青水之间，生长着一种树，名为若木，若水从这片若木林中发源。

无论是东海之滨的扶桑，还是西方之极的若木，它们的存在不仅代表了神秘的自然力量，还传达着古人对生命、自然和天地间秩序的解读和崇敬。

建木

日中无影

　　建木是《山海经》中极为重要的一棵神树，其神圣地位不在于其高耸入云、直插九天的形态，而在于其所承载的宇宙秩序和神话意义。

　　在古代神话体系中，建木被视为天地之间的中轴，连接天界与人间的天梯。其所生之地常被认为是"天地之中""众神所聚"的圣域，神祇沿此树而下到凡世。建木挺立于天地之间，支撑着天地之间的秩序与和谐，构筑了古人对于天地结构的想象。

　　原文：有木，青叶紫茎，玄华黄实，名曰建木，百仞无枝，上有九橚（zhǔ），下有九枸，其实如麻，其叶如芒，大皞爰过，黄帝所为。

　　——《海内经》

● 神话传说

　　相传，建木系黄帝亲手培植，汇集了天地间的灵气，是沟通天地、人神的桥梁，伏羲、黄帝等众帝都是通过这一神圣的"梯子"往来于人间天庭，甚至凡人也可以通过它上天下地。

　　后来，黄帝之孙颛顼为划清天地界限，断绝神祇与凡人往来，抑或阻止天神过多干预人间事务，下令砍伐建木，此举史称"绝地天通"，象征神话时代的落幕。

● 地理位置考究

《淮南子·地形训》中描写："建木在都广，众帝所自上下。日中无景，呼而无响，盖天地之中也。"《抱朴子·外篇·喻蔽》亦云："建木竦于都广。"

这些文献都表明了建木生长在都广之地，因此想确定建木所在，便要了解"都广"所指。明代学者杨慎《山海经补注》云："黑水都广，今之成都也。"因此有观点认为，都广便是上古巴蜀农业文明的中心——成都，但这一推测仍存在争议。

建木

> 形态：叶子呈青色，枝干呈紫色，开黑花，结黄色果实；高达百仞，顶端有九根弯曲的树枝，下面有九条盘错的树根，果实像麻的果实，叶子则与芒叶相似。
> 技能：沟通天地、人神的桥梁，建木之下，日中无影。

● 古蜀人的圣树崇拜

"沉睡数千年，一醒惊天下"，三星堆遗址出土的商代青铜神树，让我们对古蜀文明有了进一步的认知。

青铜神树共有八棵，其中修复完整的一棵高达 396 厘米，是全世界已发现的最大的单件青铜文物，被命名为一号神树。其共分三层，每层有三根主枝，共九枝，每个枝头伸展出卷曲的细枝、细枝上悬挂着果实，枝头上栖息着神鸟。

数千年前的古蜀人为何要铸造青铜神树？关于其文化寓意，在学术界尚存不同看法。一观点认为，这株神树的造型与《山海经》中记载的建木相关；还有观点认为，从其构型分析，与《山海经》描述的若木相似。

无论哪种观点，皆反映出古蜀人对于圣树崇拜的信念，展现了他们对自然、神灵的礼赞和敬畏。

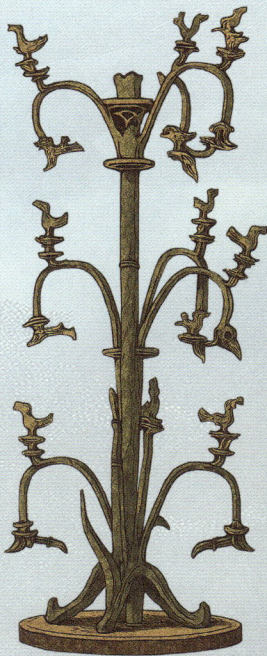

寻木

日没之所

　　《海外北经》中有载："寻木长千里，在拘缨南，生河上西北。"是说寻木有千里长，生长在拘缨国的南边、黄河上游的西北方。

　　寻木是《山海经》中颇为神秘的神树。郭璞在《山海经图赞·海外北经寻木》中描述道："渺渺寻木，生于河边。竦枝千里。上干云天。垂阴四极，下盖虞渊。"

　　可见寻木的枝叶茂盛，枝条垂落四方，直径达千里之距。除此之外，关于寻木的记载和相关神话描述寥寥，当今的影视类作品中也少见对于寻木的演绎和刻画。

　　《山海经》中与太阳有关的四大神树为扶桑、建木、若木和寻木。这四种神树的依次出现，展示了古人认知中太阳运行的轨迹。

扶桑 清晨

建木 正午

　　清晨，太阳神羲和驾着太阳车从扶桑树出发，开始了一天的巡视，阳光开始照向大地。

　　当太阳车行到建木上空时，建木正午日照无影，所以建木是太阳正午栖息之地。《吕氏春秋》云："白民之南，建木之下，日中无影，呼而无响，盖天地之中也。"

形态：长千里，独木成林。
技能：日入于寻木之下，是太阳在西方的归隐之所。

寻木

若 傍
木 晚

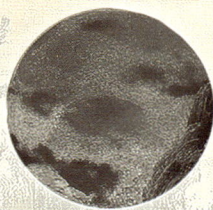

寻 黑
木 夜

傍晚，太阳落在西方之极的若木上稍作休息，光明从大地消失，夜晚来临。

最终，太阳沉落在枝干绵延千里的寻木之上。夜幕四合，大地被无尽的暗影笼罩。

佩之不迷者

在招摇山上，有一种奇异的神树，名为迷穀。可制造出"其华四照"的绚丽场景，意思是树上开的花能发出流动的光芒，照耀高悬的天际。迷穀还具有奇特的灵性，可使人心神不惑，将其佩戴在身上可使人清醒通透、不受迷惑，也有说法是不会迷路。

晋代郭璞在《山海经图赞》中对迷穀也有描述：有一株奇异的神树，产自招摇山。花开时厥华流光，光芒四溢，直上云霄。若人将它佩戴于身，便可心明如镜、不为外物所惑。

无论是"其华四照"还是"厥华流光"，都展现了迷穀可发出光芒、照亮四方的特征。

迷穀

形态：形状像构树，树上有黑色的纹理，开的花能发光，可以照亮四周。
技能：把它佩戴在身上，便不会迷路。

原文：南山经之首，曰鹊山。其首曰招摇之山，临于西海之上，多桂，多金玉。……有木焉，其状如穀而黑理，其华四照，其名曰迷穀，佩之不迷。

——《南山经》

● "厥华流光"的灵植

除了《山海经》中的迷穀可照亮四方，其他古籍亦记载了诸多厥华流光的奇异植物。例如东晋王嘉《拾遗记》中的夜明苔、唐代段成式《酉阳杂俎》中的萤火芝以及后汉郭宪《洞冥记》中记载的洞冥草。

颜色似黄金，像萤火聚在一起，放在水中，日光照着像火在水上，可照亮满室。

色如金，若萤火之聚，大如鸡卵。投于水中，蔓延波澜之上，光出照日，皆如火生水上也。……置漆盘中，照耀满室，名曰夜明苔。
——《拾遗记》

夜明苔

山之四极……有明茎草，夜如金灯，折枝为炬，照见鬼物之形。……亦名洞冥草。
——《洞冥记》

亦称照魅草、明茎草，折下枝条点火可以照见鬼物；也能食用，服用后身体会发光。

良常山有萤火芝，其叶似草，实大如豆，紫花，夜视有光。食一枚，心中一孔明。食至七，心七窍洞彻，可以夜书。
——《酉阳杂俎》

萤火芝

洞冥草

开紫色的花，夜里会发光。吃一枚心中的一孔就会发光，吃七次，心中的七窍都通透。

沙棠

使人不溺者

《西山经》中有座山，名为昆仑丘。山中有一种御水神树，名为沙棠。人若吃了它的果实，可以获得御水的能力，入水而不溺。

用沙棠木造的船，亦具有入水不沉的特性，称为沙棠舟。可见于《拾遗记》中的记载："以沙棠木为舟，贵其不沉没也。"另外，晋代郭璞《沙棠》中也描述了沙棠木的这种特性，用此木制作的龙舟，可航行在茫茫沧海之上。

沙棠不仅具有御水的神奇功能，其果实还很美味。《吕氏春秋·本味》记载："果之美者，沙棠之实。"由此可知沙棠之果，食之美味。

《本草纲目》中记载了沙棠果的药性，"（气味）甘，平，无毒。食之，却水病。"

● **影视剧演绎**

在仙侠小说和神话题材的影视剧中，"遇水不溺"是诸多剧情桥段的必要设定。避水珠便是常使用的一种水属性法宝，其核心功能是在水中形成护体结界，使人不被水侵、不溺不湿，甚至可以在水底呼吸。传闻还可将滔天巨浪分开，劈出一条旱路直通水底。无论江海湖泊，持珠之人皆可如履平地。

原文：西南四百里，曰昆仑之丘。……有木焉，其状如棠，黄华赤实，其味如李而无核，名曰沙棠，可以御水，食之使人不溺。

——《西山经》

形态：形状像棠梨、开黄色的花，结红色的果实，果实无核。
技能：食其果实人便不会溺水。

沙棠

栌木

使人不忘者

栌木长于《山海经》所载的历儿山上，此木奇者不在其形，而在其具有服之可唤醒人记忆的神奇功效，让人心有所念，古人称之"服之不忘"。

形态：方茎圆叶，开黄色的花，结出的果实与楝树结的果实相似。
技能：服之不忘，可恢复、找回失去的记忆。

原文：又东二十里，曰历儿之山，其上多櫄，多栌木，是木也，方茎而员叶，黄华而毛，其实如楝，服之不忘。

——《中山经》

栌木

● 影视剧演绎

消除记忆是仙侠剧中经常用到的桥段，对推动剧情的发展起着关键作用。消除记忆的手段有很多，例如通过法术封印记忆、利用口诀消除记忆，更常见的是利用某种神奇药物的遗忘功效。而《山海经》中的杻木却恰恰相反，具有服之不忘的神奇作用，在仙侠题材的影视剧或小说中可以作为恢复记忆的灵丹妙药。

其他可忘却前世的神物还有忘川之水、孟婆汤、忘忧蛊和忘情水等。

忘川之水：在仙侠剧中，忘川常常被描绘成一条能够让人忘记一切的神奇河流。剧中人物跳入忘川并喝下忘川之水后，可以选择性地忘记自己想要忘记的一切。

孟婆汤："一碗孟婆汤，忘却前尘事。"在中国古代民间传说中，孟婆汤是阴曹地府中孟婆所做的茶汤，可以让通过奈何桥的鬼魂忘记前世的一切爱恨情仇，安心转世。

忘忧蛊：在影视剧演绎中，忘忧蛊是一种能够使人忘却忧愁和痛苦的蛊术。剧中人物为了解除自己的痛苦，会选择服用忘忧蛊，从而忘记曾经令自己痛苦的人和事。

忘情水：忘情水亦是仙侠剧中可以让人忘记前尘往事的灵药。在近年来的影视作品中被多次使用，喝下就能消除有关爱情的记忆，斩断心中的痛苦。

崇吾木

宜子孙者

"宜子孙"是上古时期部族对于血脉延续、族群繁衍的一种美好愿望，《西山经》中便记载了一种神树，生长在崇吾山上，人吃了其果实能使子孙兴旺发达。除了植物，杻阳山上的异兽鹿蜀，形如马，白首赤尾，有虎纹，佩戴它的皮毛，亦可福延子孙。还有青要山上的神鸟鸤鸟，形似野鸭，身子呈青色，朱目赤尾，吃了它的肉同样可以福延子孙。

崇吾木

形态：圆叶，白萼红花，黑色纹理。
技能：食其果，可使子孙兴旺。

原文：西次三经之首，曰崇吾之山。……有木焉，员叶而白柎，赤华而黑理，其实如枳，食之宜子孙。

——《西山经》

既有"食之宜子孙"的灵植，便也有"服之使人无子"的灵植，如苦山上的黄棘和嶓冢山上的蓇蓉。

原文：又东二十里，曰苦山。……其上有木焉，名曰黄棘，黄华而员叶，其实如兰，服之不字。

——《中山经》

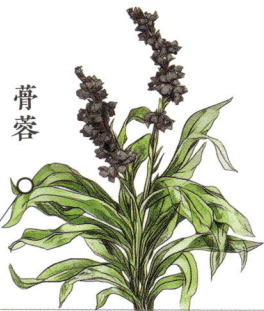

蓇蓉

形态：黄花、圆叶，果实与兰的果实相像。
技能：服食了它就不能生育。

黄棘

形态：叶如惠兰，有着桔梗一样的根，黑花、无果实。
技能：食之便会丧失生育能力。

原文：又西三百二十里，曰嶓冢之山。……有草焉，其叶如蕙，其本如桔梗，黑华而不实，名曰蓇蓉，食之使人无子。

——《西山经》

蒙木

使人不惑者

《中山经》中有一座山，名为放皋山。山中生长着一种树，名为蒙木，此木可解人们心中诸般疑虑，百惑不生，神思通明。有"使人不惑"技能的除了蒙木，还有符禺山上的仙草条草和青丘山上的异鸟灌灌。

形态：叶子似槐树叶，开黄色的花，不结果实。
技能：服食了它便不会再疑惑。

蒙木

原文：又东五十二里，曰放皋之山。……有木焉，其叶如槐，黄华而不实，其名曰蒙木，服之不惑。

——《中山经》

形态：形状像鸠，叫声像人们在大声斥骂。
技能：把它的羽毛佩戴在身上，人就不会迷惑了。

灌灌

形态：状如葵，红花黄果，果实状如婴儿的舌头。
技能：人吃了它就不会产生迷惑。

条草

原文：又西八十里，曰符禺之山。……其草多条，其状如葵，而赤华黄实，如婴儿舌，食之使人不惑。

——《西山经》

原文：又东三百里，曰青丘之山……有鸟焉，其状如鸠，其音若呵，名曰灌灌，佩之不惑。

——《南山经》

栯木

使人不妒者

《中山经》中有一座山，名为泰室山。山上生长着一种树，名为栯木，人吃了它就不会嫉妒。

原文：又东三十里，曰泰室之山。其上有木焉，叶状如梨而赤理，其名曰栯木，服者不妒。

——《中山经》

形态：叶与梨树叶相似，有红色纹理。
技能：食之便不会再生嫉妒之心。

令人"食之不妒"的除了栯木，还有亶爰（chán yuán）山上的异兽类以及轩辕山上的神鸟黄鸟。

类

形态：状如山猫，头上有发，一身兼有雌雄两性。
技能：人吃了它的肉，就不会嫉妒。

原文：又东四百里，曰亶爰之山。……有兽焉，其状如狸而有髦，其名曰类，自为牝牡，食者不妒。

《南山经》

形态：形状似猫头鹰，白色的脑袋。
技能：吃了它的肉，人们就不会再生嫉妒之心。

黄鸟

原文：又东北二百里，曰轩辕之山……有鸟焉，其状如枭而白首，其名曰黄鸟，其鸣自叫，食之不妒。

《北山经》

亢木

使人不蛊者

上古之时，天地间有毒热恶气，然而有神物可解此毒。例如浮戏山上的神木亢木，天帝山上的异兽谿边和休与山上的异石帝台之棋。

原文：又东三十里，曰浮戏之山。有木焉，叶状如樗（chū）而赤实，名曰亢木，食之不蛊。

——《中山经》

亢木

形态：树叶状如臭椿树叶子，结红果。
技能：食之免受毒热恶气的侵袭。

形态：形状像狗。
技能：人在坐卧时，把它的皮铺在身下，可以免受毒热恶气的侵袭。

谿边

原文：又西三百五十里，曰天帝之山，上多棕、楠，下多菅、蕙。有兽焉，其状如狗，名曰谿边，席其皮者不蛊。

——《西山经》

形态：五彩有花纹，状如鹌鹑蛋。
技能：服食它可以不受毒热恶气的侵袭。

帝台之棋

原文：中次七经苦山之首，曰休与之山。其上有石焉，名曰帝台之棋，五色而文，其状如鹑卵。帝台之石，所以祷百神者也，服之不蛊。

——《中山经》

151

枫木

蚩尤桎梏所化者

《大荒南经》中记载："有宋山者……有木生山上，名曰枫木。枫木，蚩尤所弃其桎梏，是为枫木。"郭璞注："蚩尤为黄帝所得，械而杀之，已摘弃其械，化而为树也。"

> 形态：枝干挺拔，叶子呈红色。
> 技能：蕴含战神之力，是蚩尤不屈精神的象征。

枫木

● **神话传说**

上古诸神之战时，黄帝杀蚩尤于黎山之丘，掷其械于大荒之中的宋山之上。蚩尤死后，其鲜血染红的桎梏化为枫木之林。也有传，枫木并非普通树木，它有一个特殊的作用，即招魂。《屈原·招魂》中有载："湛湛江水兮，上有枫。目极千里兮，伤春心，魂兮归来。"

> 形态：《云笈七签》中描述蚩尤，"兽身人语，铜头铁额"。
> 神职：主兵之神，东方九黎部落首领。

蚩尤

苗族民间有着植枫、护枫、祭枫的古老风俗，他们尊奉枫树为神树。而今日苗族同胞普遍认为蚩尤是自己的先祖，称其为"家公"（祖公）。从民俗学角度来说，蚩尤与枫树关系极为密切，或许枫树在某种意义上代表着蚩尤不死的灵魂。

与枫木相似，为神祇器物化为神木的还有"邓林"，《海外北经》中记载："夸父与日逐走，入日。渴，欲得饮，饮于河、渭，河、渭不足，北饮大泽。未至，道渴而死。弃其杖，化为邓林。"

枫木乃蚩尤战败后，神力凝于囚身之铁，通灵化木。邓林则为夸父所执巨杖，夸父逐日而亡，杖植大地，化而成林。枫木与邓林所传达的也许是人神虽陨，但器物仍可化木承志，是其信念的一种延续。枫木象征着战神蚩尤英勇不屈的意志，邓林则象征着夸父不惧艰难的执着精神。

● **神话传说**

夸父追赶太阳，离太阳越来越近。途中夸父口渴难忍，想要喝水，于是去喝黄河和渭河中的水，将这两条河的水喝干了，还是不够，便要去喝北方大泽里的水。还未到达大泽，夸父就渴死在半路上了。夸父临死前扔掉了自己的手杖，这根手杖后来化成了邓林。

夸父

> 形态：《山海经·大荒北经》中描述夸父的形象，"珥两黄蛇，把两黄蛇"。
> 典故：夸父追日。

其他奇树异木

丹木、櫰木、北号木、帝休、三珠树、文玉树、
不死树、栾木

地域：崦嵫山。
形态：红色花萼、黑色纹理。
技能：食之可治黄疸病，也可以用来防火。

地域：北号山。
形态：状如杨树，开红花。
技能：食之不会患疟疾。

地域：中曲山。
形态：圆叶，红色果实。
技能：食之能增添力气。

地域：少室山。
形态：叶似杨树叶，开黄花，结黑果
技能：食其果实便不会发怒。

丹木

櫰木

北号木

帝休

原文：西南三百六十里，曰崦嵫之山，其上多丹木，其叶如榖，其实大如瓜，赤符而黑理，食之已瘅，可以御火。

——《西山经》

原文：又西三百里，曰中曲之山。……有木焉，其状如棠而员叶赤实，实大如木瓜，名曰櫰木，食之多力。

——《西山经》

原文：又东次四经之首，曰北号之山，临于北海。有木焉，其状如杨，赤华，其实如枣而无核，其味酸甘，食之不疟。

——《东山经》

原文：又东五十里，曰少室之山，百草木成囷。其上有木焉，其名曰帝休，叶状如杨，其枝五衢，黄华黑实，服者不怒。

——《中山经》

地域：云雨山。
形态：黄本、赤枝、青叶。
技能：枝叶可用于制作药物。

地域：厌火国之北。
形态：与柏树相似。
技能：叶子皆是珍珠。

地域：开明北。
形态：未作描述。
技能：食之不老。

地域：开明北。
形态：五彩玉树。
技能：可结五彩玉石。

三珠树

文玉树

不死树

栾木

原文：三株树在厌火北，生赤水上，其为树如柏，叶皆为珠。一曰其为树若彗。
——《海外南经》

原文：开明北有视肉、珠树、文玉树、玗（yú）琪树、不死树。凤皇、鸾鸟皆戴蘵（fá）。
——《海内西经》

原文：开明北有视肉、珠树、文玉树、玗琪树、不死树。凤皇、鸾鸟皆戴蘵。
——《海内西经》

原文：有云雨之山，有木名曰栾，禹攻云雨，有赤石焉生栾，黄本、赤枝、青叶，群帝焉取药。
——《大荒南经》

草木之神图鉴

  在广袤的天地间，四季轮回，万物生长。草木繁茂之际，皆有神明相护。神话传说里，草木不仅是大自然的组成部分，更是神灵的化身，承载着天地间的灵气与生机。

  每一片叶子、每一根枝条，都蕴含着神秘力量，它们的兴盛与衰退，与天地阴阳的交替、五行之气的流转息息相关。在神明庇佑下，一草一木都随着四季更迭，或繁荣生长，或沉寂蛰伏，展现出生生不息的生命力与永恒的轮回之道。

人神类	离仑	瑶姬	帝女桑	蓐收	句芒	后稷	叔均	后土

《山海经》中虽未明确记载专司花事的神明，但在传统神话体系与民间信仰里，花神却是不可或缺的存在。花作为草木的精华，应时节绽放或凋落，亦承载着天地间灵气的流转。

传说中，百花皆有其主，古人依照岁时花信的自然规律，将一年十二个月与应时花卉相配，冠以花名、授以神职，由此诞生了了十二位"月令花神"，正所谓"日日有花开，月月有花神"。后世关于十二花神的说法不尽相同，下文将列举较为主流的几种。

花神类

一月梅花花神

二月杏花花神

三月桃花花神

四月牡丹花神

五月石榴花神

六月荷花花神

七月玉簪花神

八月桂花花神

九月菊花花神

十月芙蓉花神

十一月山茶花神

十二月水仙花神

人神类

离仑
槐树之妖

瑶姬
巫山神女

帝女桑
仙灵神木

蓐收
丰收之神

离仑是《山海经》中极具特色的草木精灵之一，以槐树为依，化形为人，兼具自然的灵性与妖异的魅力，是草木通灵、树木化形的象征。

原文：又西三百二十里，曰槐江之山。……北望诸毗，槐鬼离仑居之，鹰鹯之所宅也。

——《西山经》

炎帝之女，名曰瑶姬，其精魂依草，化为蓄草。《太平御览》载："我帝之季女也，名曰瑶姬，未行而亡，封巫山之台，精魂依草。"故其亦被称为巫山神女。

原文：又东二百里，曰姑媱之山。帝女死焉，其名曰女尸，化为蓄草，其叶胥成，其华黄，其实如菟丘，服之媚于人。

——《中山经》

这棵神秘的桑树，因赤帝之女于此升天而得名。《太平御览》载，炎帝之女修道成仙时，化为白鹊于古桑树，最终焚化于火中升天，这株古树因此被赋予灵性。

原文：又东五十五里，曰宣山。……其上有桑焉，大五十尺，其枝四衢，其叶大尺余，赤理、黄华、青柎，名曰帝女之桑。

——《中山经》

上古神话中的秋神兼金神，位居西方，象征五行中的"金"，主管秋季时令、万物收成与草木凋零。此时谷物成熟，草木由盛转衰，叶落归根。

原文：西方蓐收，左耳有蛇，乘两龙。

——《海外西经》

句芒 春神木帝

后稷 司农之神

叔均 上古田祖

后土 五行土神

上古神话中的春神兼木神，位居东方，代表五行中的"木"，主管春季万物生长与草木萌动，是春天的化身与使者。

他将各种谷物的种子从天界带到人间，教导百姓种植庄稼、栽培谷物，使民众得以安居乐业。被奉为农业的守护神，象征万物生长与草木繁茂。

上古神话中农业始祖之一，被誉为"田祖"，是耕作与开垦之神的化身。象征着人类开垦土地、与草木沟通，将荒野变为良田的智慧。

她被尊为大地之母，统御山岳土地，庇佑万物生灵。她承载着天地间的阴阳之气，调和五行之势，是万物滋生之源，草木繁衍之本。

原文：东方句芒，鸟身人面，乘两龙。
——《海外东经》

原文：有西周之国，姬姓，食谷。有人方耕，名曰叔均。帝俊生后稷，稷降以百谷。
——《大荒西经》

原文：帝俊生三身，三身生义均，义均是始为巧倕，是始作下民百巧。后稷是播百谷。稷之孙曰叔均，是始作牛耕。
——《海内经》

原文：祝融降处于江水，生共工。共工生术器，术器首方颠，是复土穰，以处江水。共工生后土，后土生噎鸣，噎鸣生岁十有二。
——《海内经》

花神类

一月梅花花神：江采苹（梅妃）

二月杏花花神：杨玉环

三月桃花花神：戈小娥

入选缘由

江采苹喜爱梅花，所居之处遍植梅树。唐玄宗为其住所题匾"梅亭"，并称她为"梅妃"。

入选缘由

相传安史之乱平息后，唐玄宗欲移葬杨贵妃，但见马嵬坡下一片杏林，故后人将杨玉环视为杏花花神。

入选缘由

戈小娥为元顺帝淑姬，她面色红润如醉，仿佛桃花含露。元帝形容她"此夭桃女也"，并称呼她为"赛桃夫人"。

四月牡丹花神：丽娟

五月石榴花神：公孙氏

六月荷花花神：西施

入选缘由

丽娟为汉武帝所宠幸的一位宫人，传闻她在花间轻歌时可使牡丹花瓣飞舞飘落，形成"曲庭飞花"的奇景。

入选缘由

公孙氏剑舞技艺高超，其舞姿变幻莫测，石榴花鲜艳且变化多端，与公孙氏的舞蹈风格相得益彰。

入选缘由

西施生于水乡，常浣纱于荷花之侧，后世凡画西施之图，皆配以荷花。因此渐有传说，荷花乃西施之灵所寄。

七月玉簪花神：李夫人

八月桂花花神：绿珠

九月菊花花神：梁红玉

入选缘由

李氏是汉武帝后期最宠的妃子。她平时常插一朵玉簪花于鬓旁，因此被称为玉簪花神。李延年在诗中描写的倾国倾城的美人，正是他的妹妹李夫人。

入选缘由

绿珠是西晋大臣石崇的宠妾，在其失势之时，绿珠含泪表示："愿效死于君前"，遂坠楼而亡。后人以桂花的散落，比喻绿珠一跃而下的凄美。

入选缘由

南宋著名抗金女英雄梁红玉，胆略过人，见识不凡。这些品质与菊花不畏寒冷、傲霜而开的特性相契合。

十月芙蓉花神：貂蝉

十一月山茶花神：王昭君

十二月水仙花神：甄宓

入选缘由

芙蓉花亦称拒霜花，其艳丽的花朵、独特的气质与貂蝉的美貌和聪明才智有异曲同工之妙。

入选缘由

山茶花耐寒，在天寒地冻时仍能吐露芬芳。据说，王昭君远嫁匈奴时除了琵琶，还带了一枝红色的山茶花，以此表明自己坚贞的节操。

入选缘由

水仙花雅称凌波仙子，出自曹植《洛神赋》："凌波微步，罗袜生尘。"相传《洛神赋》是曹植感念甄宓所写，故而甄宓成了水仙的化身。

　　灵植者，纳四时之华，饮山川灵气。建木通天，接九重之阙；扶桑载日，扶光照世……

　　此诸灵植，或可疗伤续命，或能逆转阴阳。昔者先贤采药寻仙，觅不死之机，然仙草可遇不可求，唯有缘者方能得之。

第五章

方境有国

方国图鉴

《山海经》作为中国古代奇幻地理与神话的经典之作，不仅描绘了仙山、海域的奇幻景象，还以细腻的笔触记录了各类独特的方国世界。

方国是《山海经》中极具神秘色彩的区域，这些国度中的居民形态各异、风俗多样，地理奇特，共同构成了一幅幅奇幻的上古世界图景，又蕴含了深厚的象征意义，充分展示了古人对于四方异国、奇异民族及其风俗的奇特想象和描述。

那么，比较有名的方国有哪些？国中之人的相貌如何，生活方式又是怎样的呢？

羽民国

其民身生羽

其他奇域方国

三身国、寒荒国、射姑国、司幽国、鬼国、林氏国、黑齿国、雨师妾国、女子国、白民国、

厌火国

其民火出其口

羲和国

有太阳神女羲和

巫咸国

群巫从此上下

不死国

其民不死

轩辕国

其民可寿八百岁

女和月母国

日月出入之地

君子国

其民好让不争

氐人国

人鱼之国

167

羽民国

其民身生羽

《海外南经》中记载了一个"其民身生羽"的国度，寥寥一语却为我们展现了一个神秘而瑰丽的异域国度。此国国民并非以羽为衣，而是羽翼自生于身、长于脊背。他们的存在，或许承载的是古人对御风而行、飞升和自由的渴望。

国民都长着长长的脑袋，全身长满羽毛。

比翼鸟栖息之地的东南方向。

国民

地域

羽民国

原文：羽民国在其东南，其为人长头，身生羽。一曰在比翼鸟东南，其为人长颊。

——《海外南经》

除《山海经》外，《楚辞》《归藏》《博物志》《山海经图赞》等经典著作中也有关于羽民国的记载。《归藏》中就有描述"羽民之状，鸟喙赤目而白首"，可见，羽民长着鸟的尖喙、头顶白发、眼睛通红。《山海经》和《山海经图赞》原文中的"其为人长头""鸟喙长颊"，则突出了羽民国百姓的另一个特征——脑袋与脸颊狭长。

羽民国的国民虽长有翅膀，却不能远距离飞行。据《博物志》记载"羽民国，民有翼，飞不远"；《山海经图赞》中也有阐述"矫翼而翔，能飞不远"。

羽民国亦是《淮南子·地形训》中记载的海外三十六国之一。

● **地理位置考究**

关于羽民国的具体地理位置，在《山海经》中并没有详细描述。据《博物志》记载，羽民国距离九嶷山四万三千里。

厌火国

其民火出其口

《山海经》中关于厌火国的描述比较少，但强调了该国的国民口能吐火的奇异功能。

清代学者吴任臣在注释《山海经》时这样描述厌火国：南方有一个部族，他们被称为"厌火之民"。能吞食炭火，从口中喷出火焰。在这个国度里，还生活着一种名叫"祸斗"的妖兽。祸斗以火为食，一旦现身，常常口喷烈焰，焚烧四野，所到之处往往引发火灾。因此，它被视为一种带来灾祸的不祥之兽。

原文：厌火国在其国南，兽身黑色。生火出其口中。

——《海外南经》

厌火国

在讙头国的南面。

地域

● 《山海经》中"兆火"异兽

　　除了祸斗，在《山海经》中，还有其他一出现便有野火伴随的妖兽。如章莪山上"见则其邑有讹火"的兆火之鸟毕方，形状像鹤，只有一只脚，青色的羽毛之上有红色的斑纹，长着白色的嘴巴。它出现在哪里，哪里便会有大片的野火。还有鲜山上"见则其邑有火"的㺍即，形状与膜犬相似，长着红色的嘴、红色的眼睛、白色的尾巴，一出现便预示着该地会有火灾。

国民样貌如兽，黑色皮肤，能从口中喷出火来。

国民

171

巫咸国

群巫从此上下

《海外西经》中的巫咸国，是巫师们往返于天地之间的通道。古时关于巫的职能，《说文解字》中有描述："灵，巫也，以玉事神。"可见远古时期的巫者，能通过符咒、祭祀、占卜等手段，寻求神灵的启示，从而传达神旨、反映民情。

古时巫者不仅是沟通神明的媒介，还肩负着治病消灾、采药炼丹的职责。《海内西经》中便记载着，开明东有六巫掌管着不死药的传说。

原文：巫咸国在女丑北，右手操青蛇，左手操赤蛇。在登葆山，群巫所从上下也。

——《海外西经》

国民右手操青蛇，左手操赤蛇。

在女丑尸体所在之地的北面。

巫咸国

地域

国民

● 开明六巫

分别是巫彭、巫抵、巫阳、巫履、巫凡、巫相，他们掌管着不死之药，并用不死药复活了窫窳（传说中的天神，被贰负及其臣子所杀）。

原文：开明东有巫彭、巫抵、巫阳、巫履、巫凡、巫相，夹窫窳之尸，皆操不死之药以距之。窫窳者，蛇身人面，贰负臣所杀也。

——《海内西经》

● 灵山十巫

《大荒西经》中记载，大荒之中有灵山，山上有十巫，分为是巫咸、巫即、巫盼、巫彭、巫姑、巫真、巫礼、巫抵、巫谢、巫罗。他们可以从灵山升到天庭或是下到人间，这里还生长着各种各样的草药。

原文：有灵山，巫咸、巫即、巫盼、巫彭、巫姑、巫真、巫礼、巫抵、巫谢、巫罗十巫，从此升降，百药爰在。

——《大荒西经》

轩辕国

其民可寿八百岁

　　轩辕国是《山海经》中的神秘圣境，神奇之处有二。其一，国中之民皆人面蛇身，寿命极长，堪称长寿之国。其二，传说黄帝轩辕氏曾居于此地，故而得名轩辕国。黄帝为五方天帝之中央天帝，有土德之瑞，统御天地的中央方位。

　　原文一：轩辕之国在此穷山之际，其不寿者八百岁。在女子国北。人面蛇身，尾交首上。

——《海外西经》

　　原文二：有轩辕之国。江山之南栖为吉，不寿者乃八百岁。

——《大荒西经》

轩辕国

地处穷山附近，位于女子国的北面。

地域

● 上古五方天帝

《淮南子·天文训》中详细记载了上古五方天帝的神职和方位，他们各镇一方，分治五行。

东方属木，由青帝太皞主宰，句芒是其辅佐神，负责治理春季。南方属火，由赤帝炎帝主宰，祝融是其辅佐神，负责治理夏季。中央属土，由黄帝轩辕主宰，后土是其辅佐神，负责治理四方。西方属金，由白帝少昊主宰，蓐收是其辅佐神，负责治理秋季。北方属水，由黑帝颛顼主宰，玄冥是其辅佐神，负责治理冬季。

人面蛇身，尾巴盘绕于头顶之上，国中之人即便不算长寿的也能活到八百岁。

国民

君子国

其民好让不争

在《山海经》多以奇珍异兽、其民怪诞而闻名的大荒之中，君子国的存在尤显特殊。该国国民衣冠整齐、佩戴长剑，谦让不喜欢争斗，象征这个国家的人有文有武、持德而立，尚礼守义，以礼仪之邦著称。这一形象，与《礼记》《周易》中所描述的"君子"遥相呼应，是华夏礼乐文化的神话投影。

君子国

在奢比尸所在之地的北面。

地域

原文一：君子国在其北，衣冠带剑，食兽，使二大虎在旁，其人好让不争。有薰华草，朝生夕死。一曰在肝榆之尸北。

——《海外东经》

原文二：有东口之山。有君子之国，其人衣冠带剑。

——《大荒东经》

此地长着一种薰华草，每天早晨开花，傍晚就凋谢了。

有草

国人衣冠整齐，身上佩剑，可驱使两只老虎在身旁，喜欢谦让而不争斗。

国民

氐人国

人鱼之国

《海内南经》中记载了一个人鱼为民的神秘国度，其族人无足，以鱼尾代步。

人鱼的传说自古有之，贯穿于古籍与民间神话之中。形象为鱼尾人面，栖居于水泽深渊之中。其中最为著名的当属鲛人，据《博物志》所载，鲛人栖于南海水域，水居如鱼，其泪能化作珍珠，晶莹剔透，称为"鲛珠"。他们不仅能泣泪成珠，更通纺织之技，南朝梁任昉《述异记》中记载，鲛人所织轻纱名为"鲛绡"，价值百金，穿之入水，衣服不会被水浸湿。

氐人国

地域

在建木生长地的西边。

国民

人面鱼身，没有长脚。

原文：氐人国在建木西，其为人人面而鱼身，无足。

——《海内南经》

女和月母国

日月出入之地

　　女和月母国是一片充盈着日月精华的圣域，因为在这个国家有一个名为鹓的神人，负责太阳和月亮的运行，使昼夜不间断地更替。

　　古人认为日月并非凭空运行，乃是神力所为、有神山为依，一切运行都承载着神意，受控于天地之间不可见的法则。

原文中只提到国中有一个名为鹓的人。

国民

女和月母国

原文：有女和月母之国。有人名曰鹓，北方曰鹓，来之风曰狻，是处东极隅以止日月，使无相间出没，司其短长。

——《大荒东经》

● 日月出入之山

《山海经》中除了女和月母国与日月出没活动息息相关，还有许多山亦然。例如《大荒东经》中的大言山、合虚山、鞠陵于天山、东极山、离瞀山、壑明俊疾山，和《大荒西经》中的方山、龙山、日月山、常阳山、大荒山等，皆为日月出入的神秘枢纽。

控制太阳和月亮的运行，使它们不间断地出现，并调节日月出现时间的长短。

神职

不死国

其民不死

传统神话中，流传着无数关于长生、不死的传说，是人类对生命永恒的追求和对天地奥秘的探索。诸多典籍中，以《山海经》的记载最为经典。在《山海经》的神话宇宙中，长生不老并非虚无之说，《大荒南经》中便记载着一个国度，名为不死国。因原文寥寥一语，我们无从得知这个国度的人民究竟是如何实现长生不死的。

另外，《山海经》中还记载了不死的种族，名曰不死民。另有不死药、不死之山、不死树以及不死兽。

原文：有不死之国，阿姓，甘木是食。
——《大荒南经》

不死国

国人皆姓阿，以甘木为食。

国民

不死民：全身是黑色的，可长生不死。

不死药：开明六巫手捧不死药，围在窫窳的尸体周围，试图让窫窳复活。

不死山：在沙漠的东边，黑水流经的地方，有一座不死山。

不死树：上古灵树，存活万年而不腐，并且具备异常强大的力量。

不死兽：神兽乘黄和吉量，虽不保证不死，但乘坐它们可增寿千岁。

羲和国

有太阳神女羲和

这个国度因太阳神女羲和而得名，羲和是东方神话体系中掌管太阳的神，被尊称为"日母"。她的职责是负责太阳的运转轨迹，维系着天地秩序与自然法则。传说，每当东方破晓之时，羲和驾着御日神车，从扶桑之畔启程，为天地间万物带来光明，直至太阳在西方若木落下。

原文：东南海之外，甘水之间，有羲和之国。有女子名曰羲和，方日浴于甘渊，羲和者，帝俊之妻，生十日。

——《大荒南经》

羲和国 ●

● 太阳崇拜

上古时期的人们不理解太阳运行的奥秘，逐渐形成太阳有灵的观念，将其视为神明加以祭祀和礼敬。

祭祀太阳的仪式通常是规模盛大的活动，古蜀先民在祭日文化和太阳神信仰方面尤为突出。三星堆出土的青铜太阳轮被视为古蜀人祭祀太阳的象征物。

东南海之外，甘水之间。

地域

羲和：太阳神女、帝俊之妻。

有神

其他奇域方国

女子国、白民国、黑齿国、雨师妾国、鬼国、
林氏国、射姑国、司幽国、三身国、寒荒国

地域：位于巫咸国的北面。
国民：两名女子居住于此。

地域：位于竖亥所处之地的北面。
国民：国民牙齿漆黑，以稻米、
蛇为食，常携带一红一青两条蛇。

地域：位于贰负尸体北侧；另
说贰负之神在鬼国东侧。
国民：该国之人只有一只眼睛；
另说该国之人为人面蛇身。

地域：位于龙鱼栖息
之地的北边。
国民：国人通体雪白，
披散着头发。

地域：位于汤谷的北边。
国民：国人通体皮肤黝黑，左右
两手各握一条蛇，左耳上有一条
青蛇，右耳上有一条红蛇；另说
两手各握着一只龟。

女子国　白民国　黑齿国　雨师妾国　鬼国

原文：女子
国在巫咸北，两
女子居，水周之。
——《海外西经》

原文：白
民之国在龙鱼
北，白身被发。
有乘黄，其状
如狐，其背上
有角，乘之寿
二千岁。
——《海外西经》

原文：黑齿
国在其北，为人
黑，食稻啖蛇，
一赤一青，在其
旁。一曰在竖亥
北，为人黑首，
食稻使蛇，其一
蛇赤。
——《海外东经》

原文：雨
师妾在其北，
其为人黑，两
手各操一蛇，
左耳有青蛇，
右耳有赤蛇。
一曰在十日北，
为人黑身人面，
各操一龟。
——《海外东经》

原文：鬼国
在贰负之尸北，
为物人面而一
目。一曰贰负
神在其东，为
物人面蛇身。
——《海内北经》